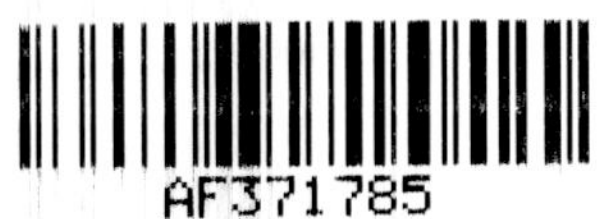

SELVA GATOS

Coloring Bandit

Publicado por Speedy Publishing Canada Limited

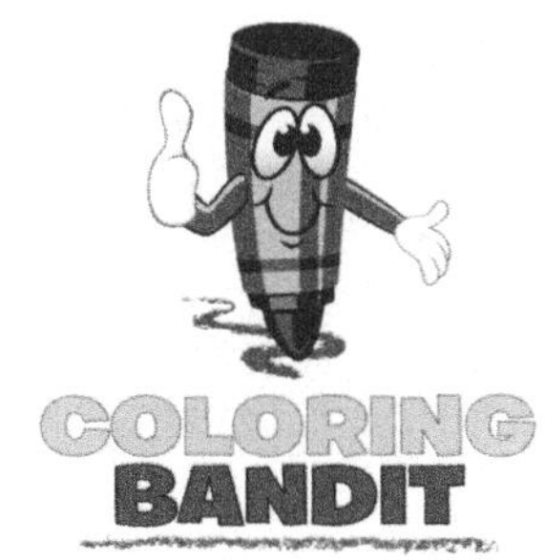

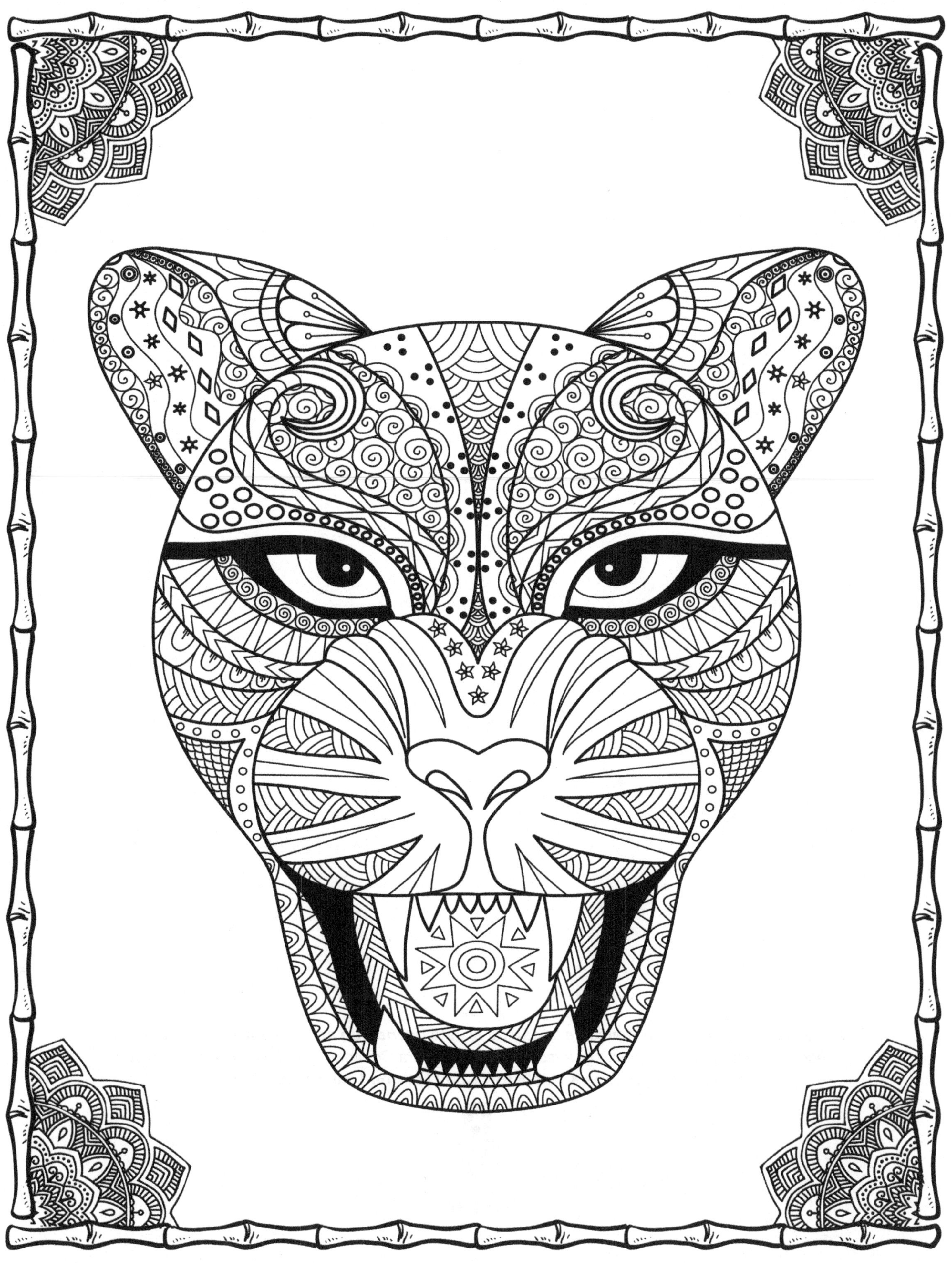

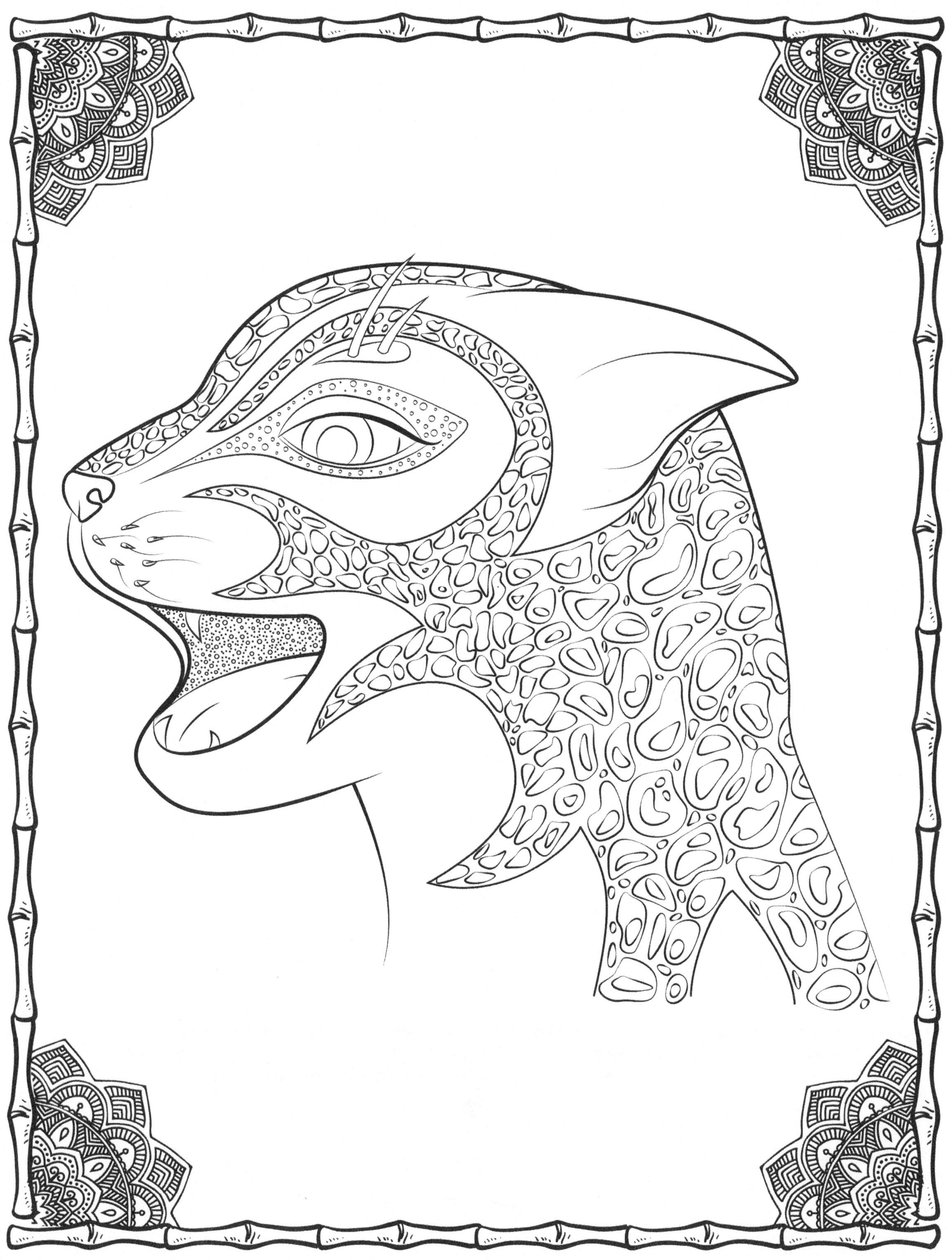

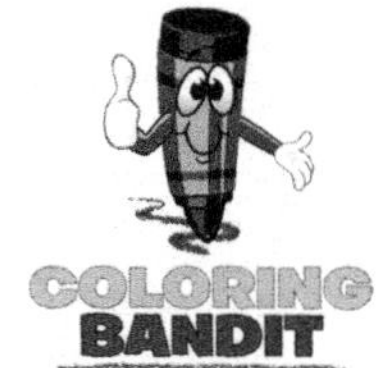

COLORING
BANDIT

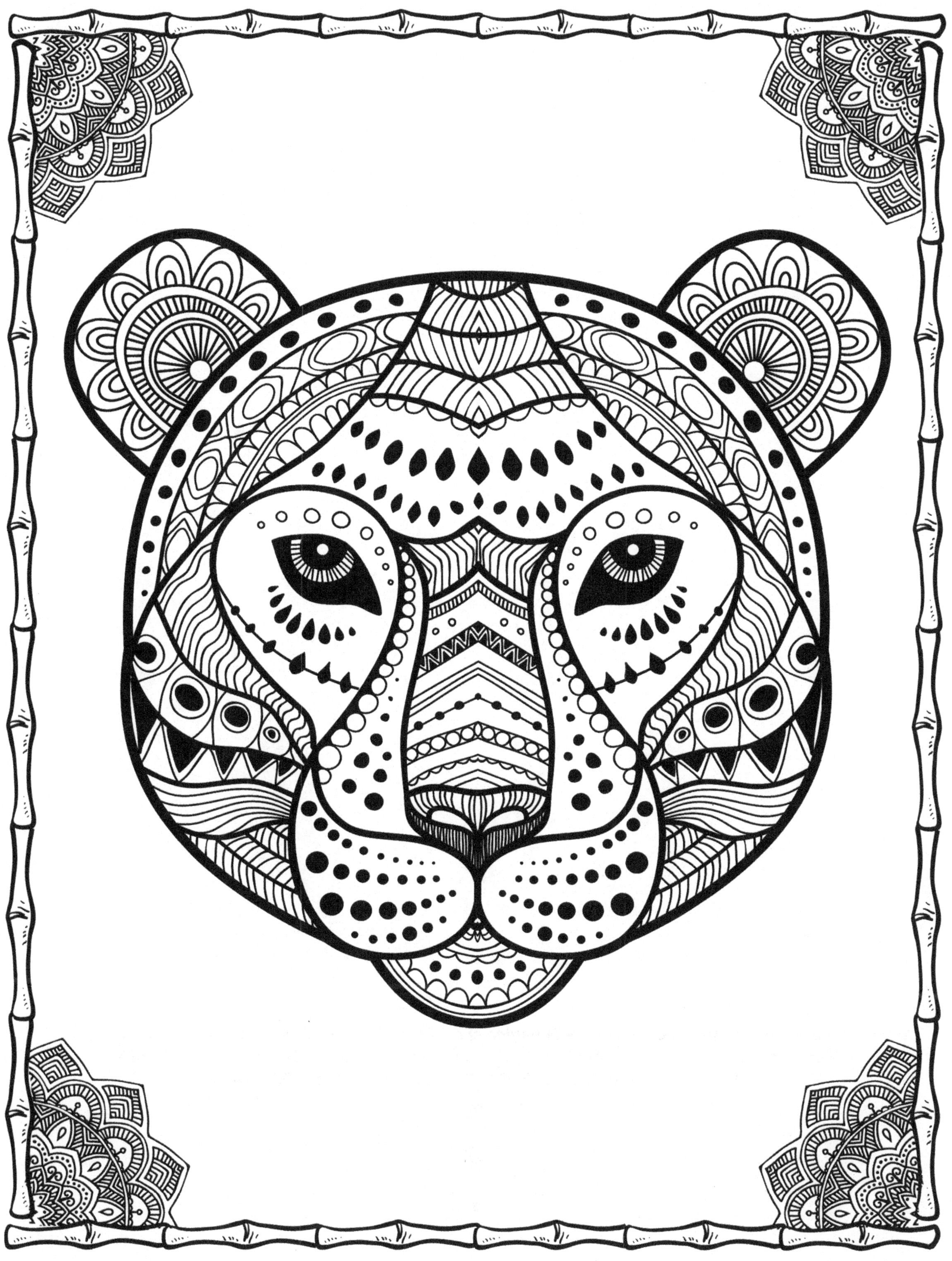

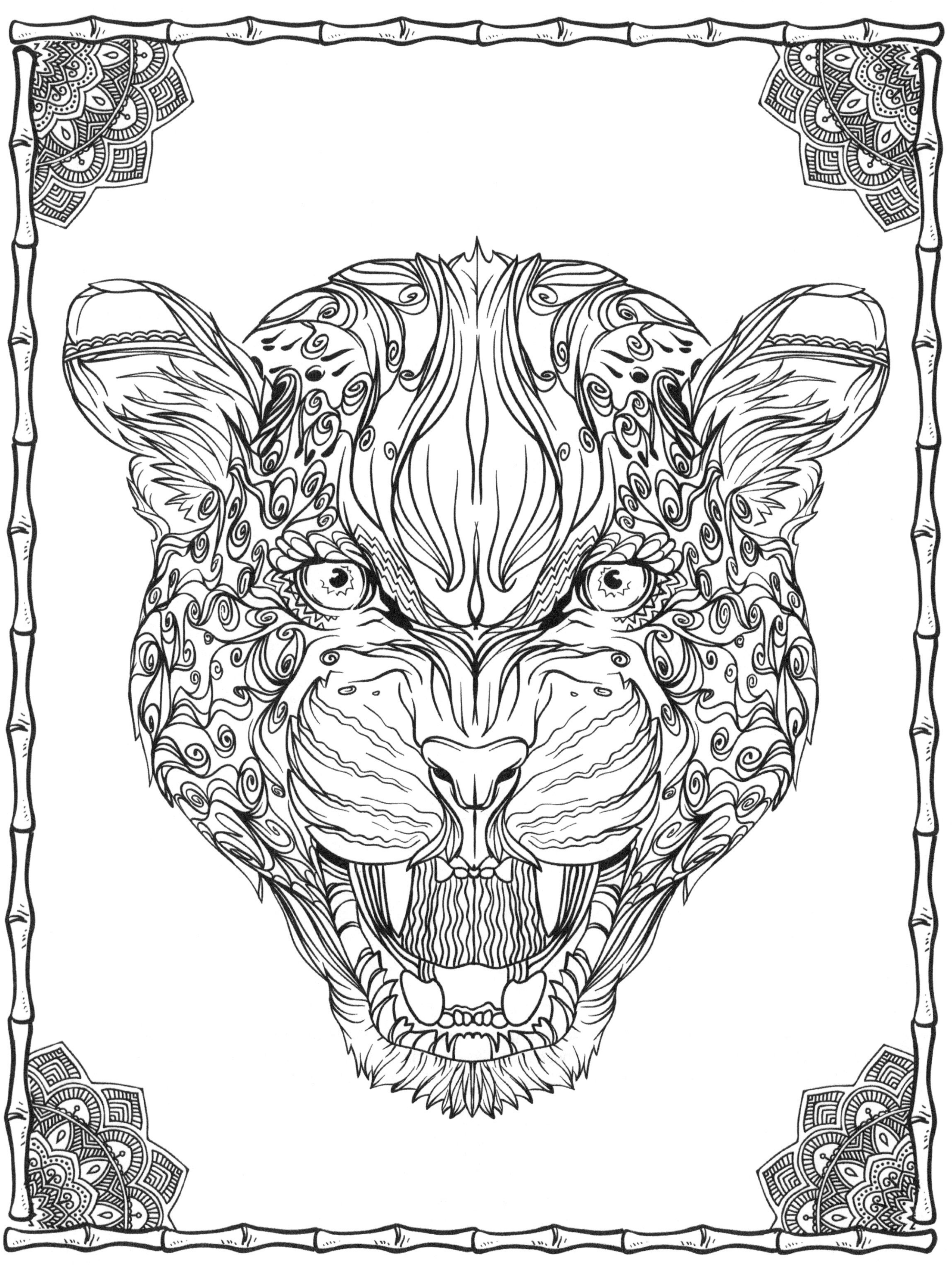

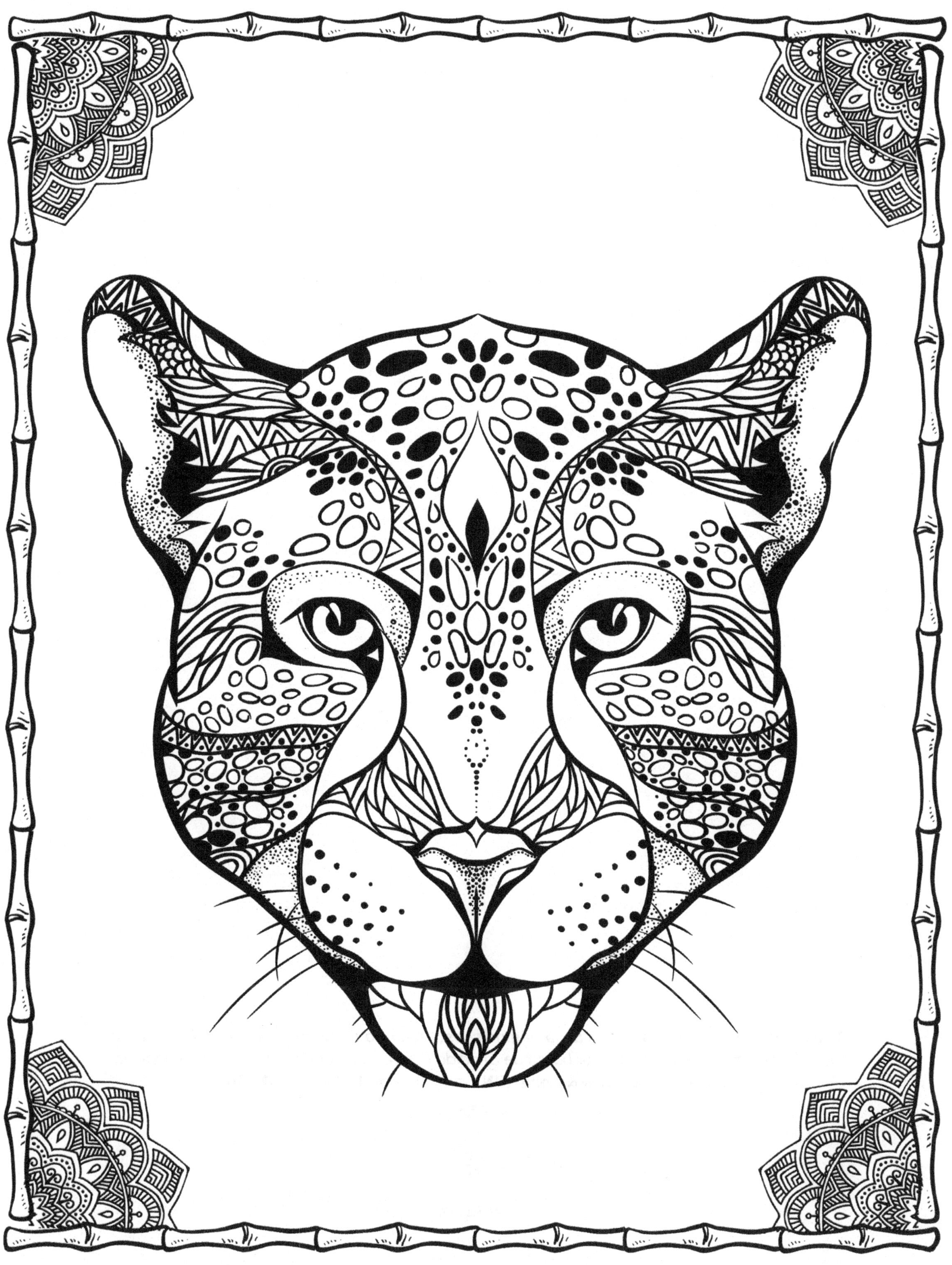

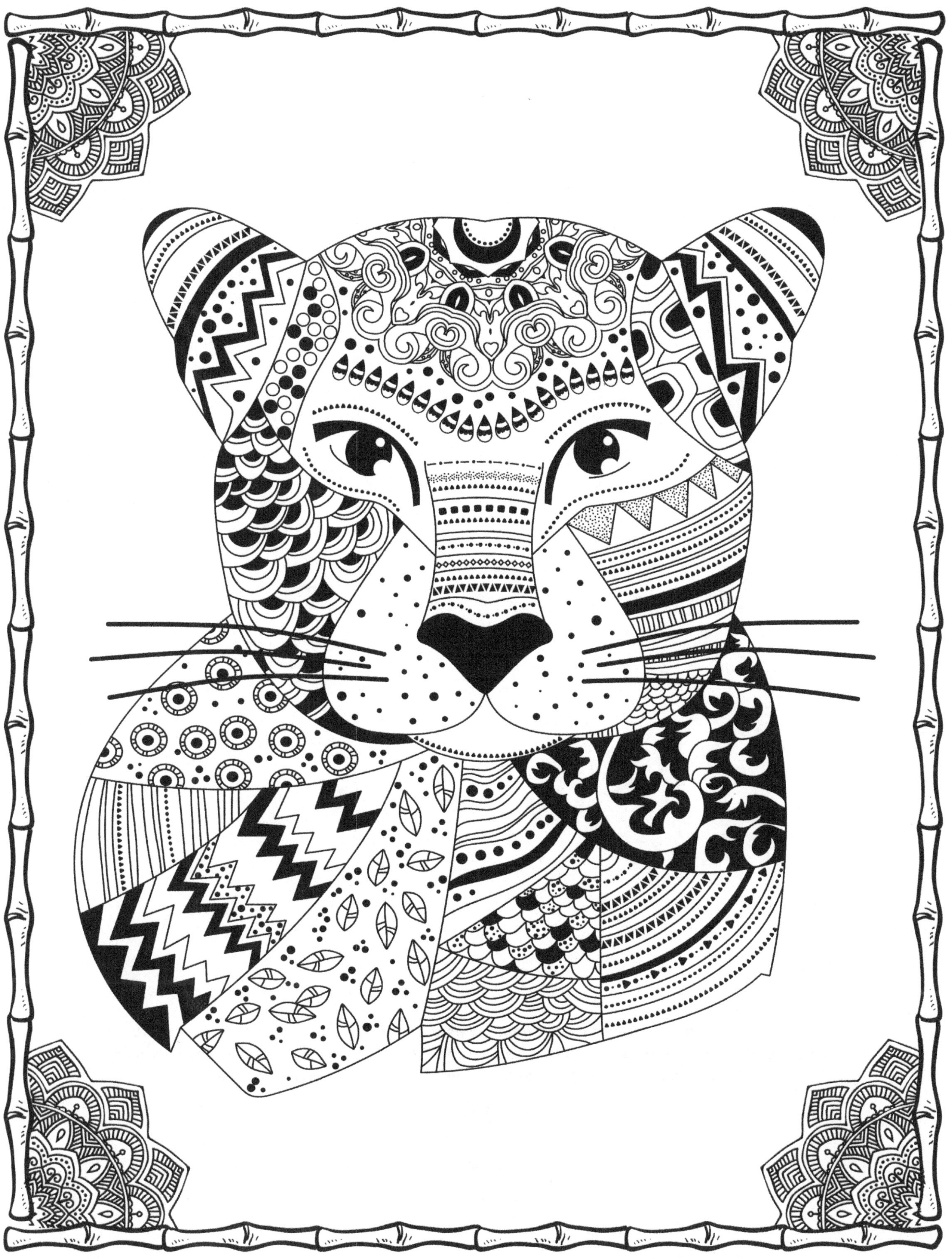

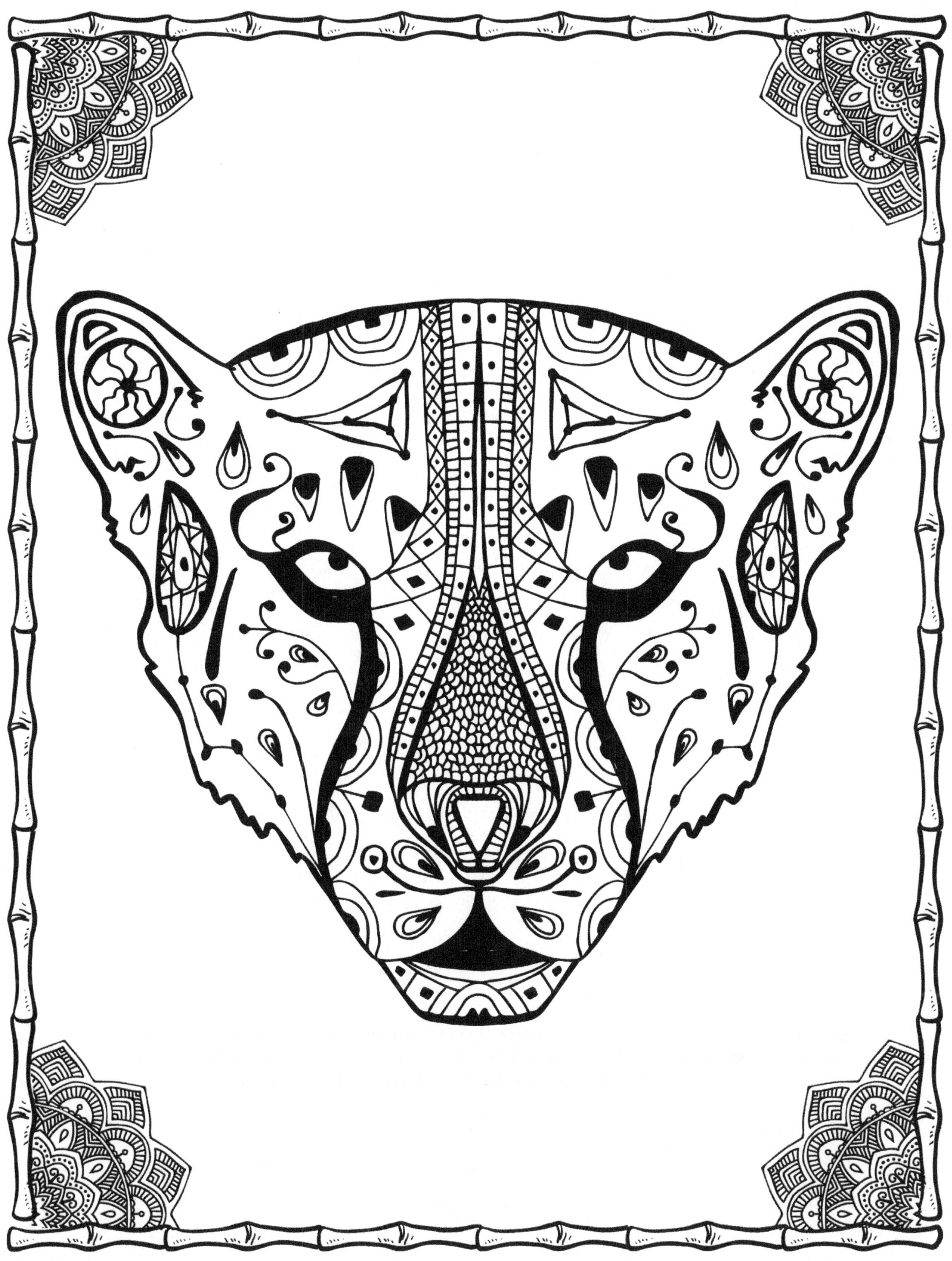

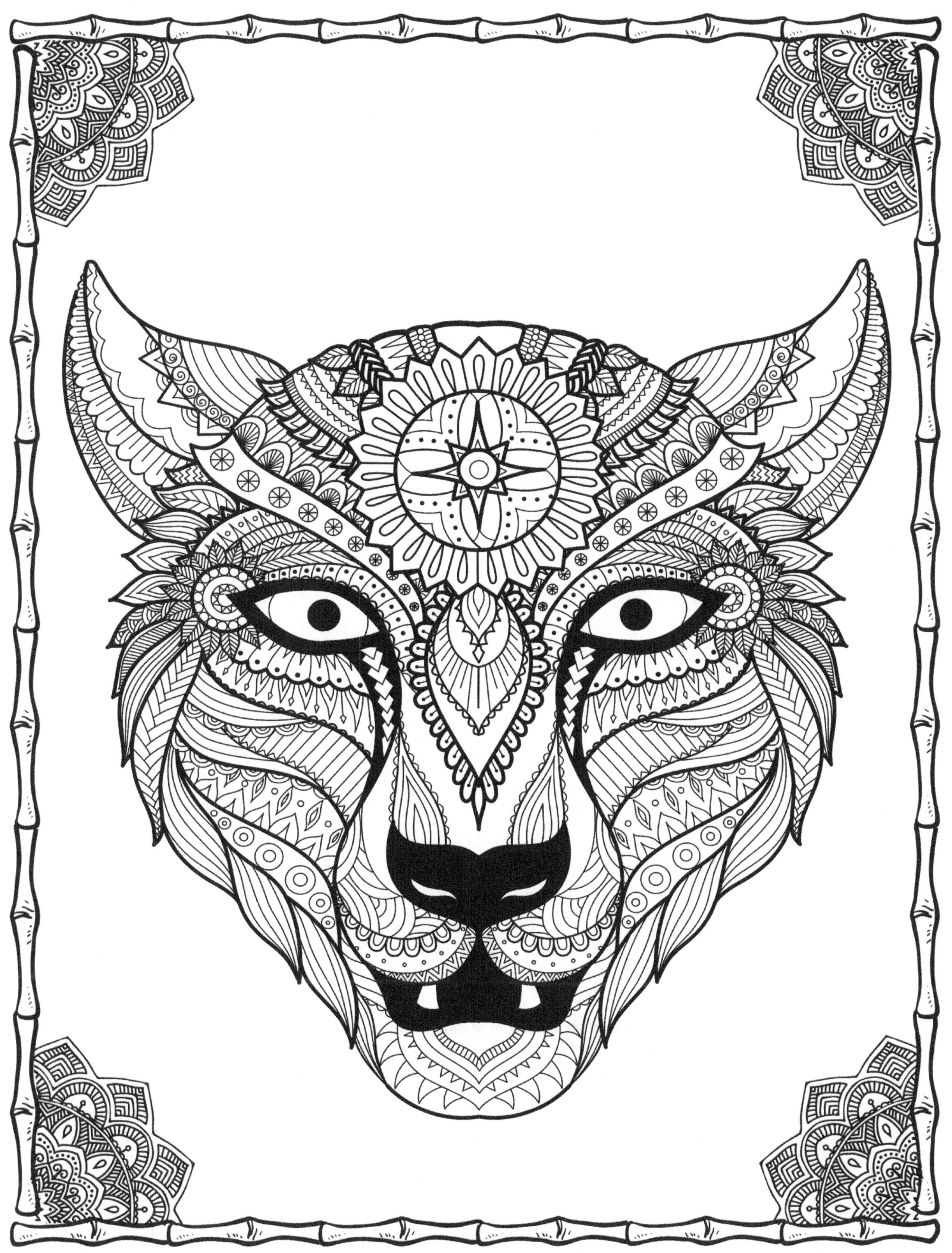

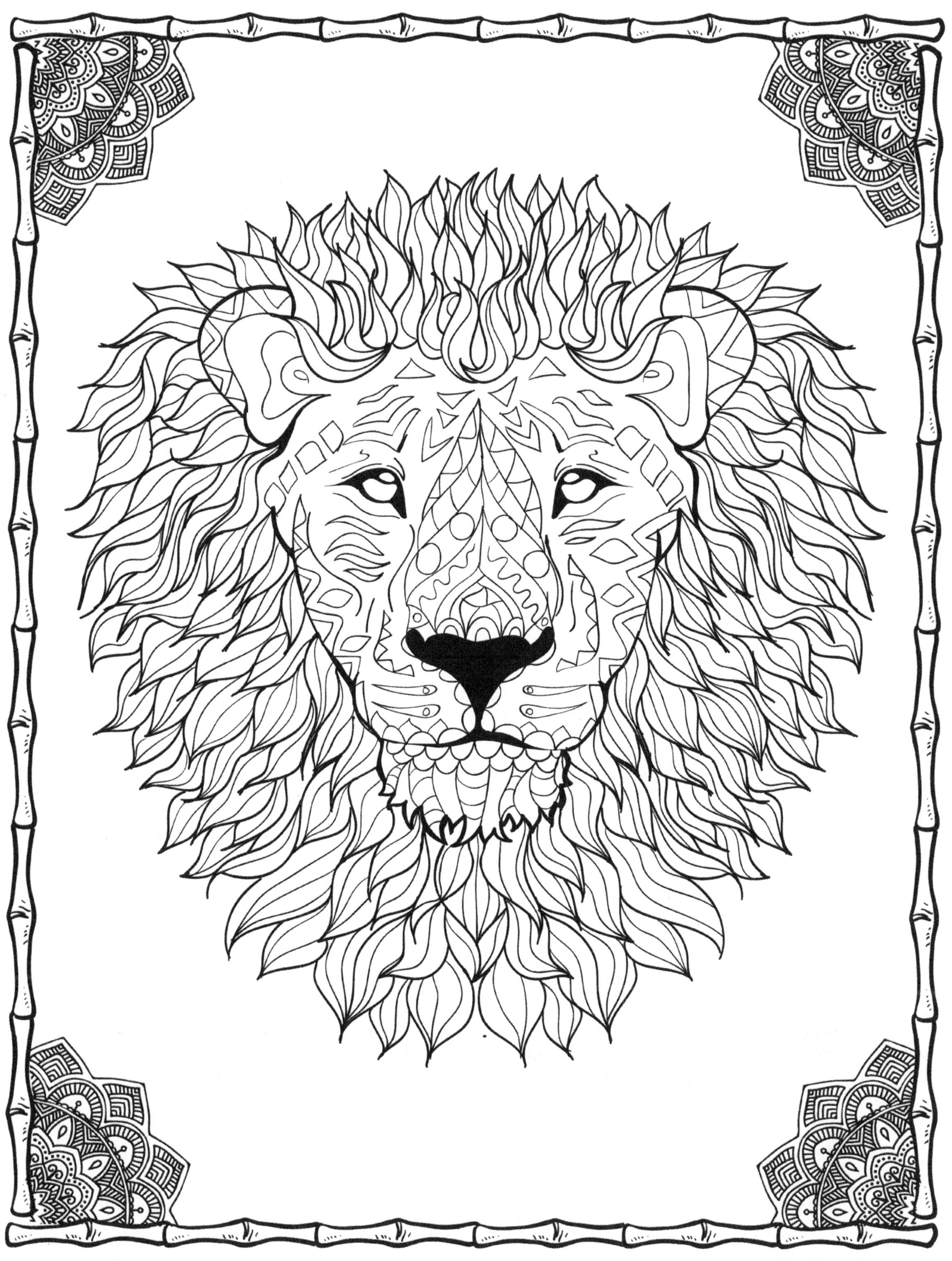

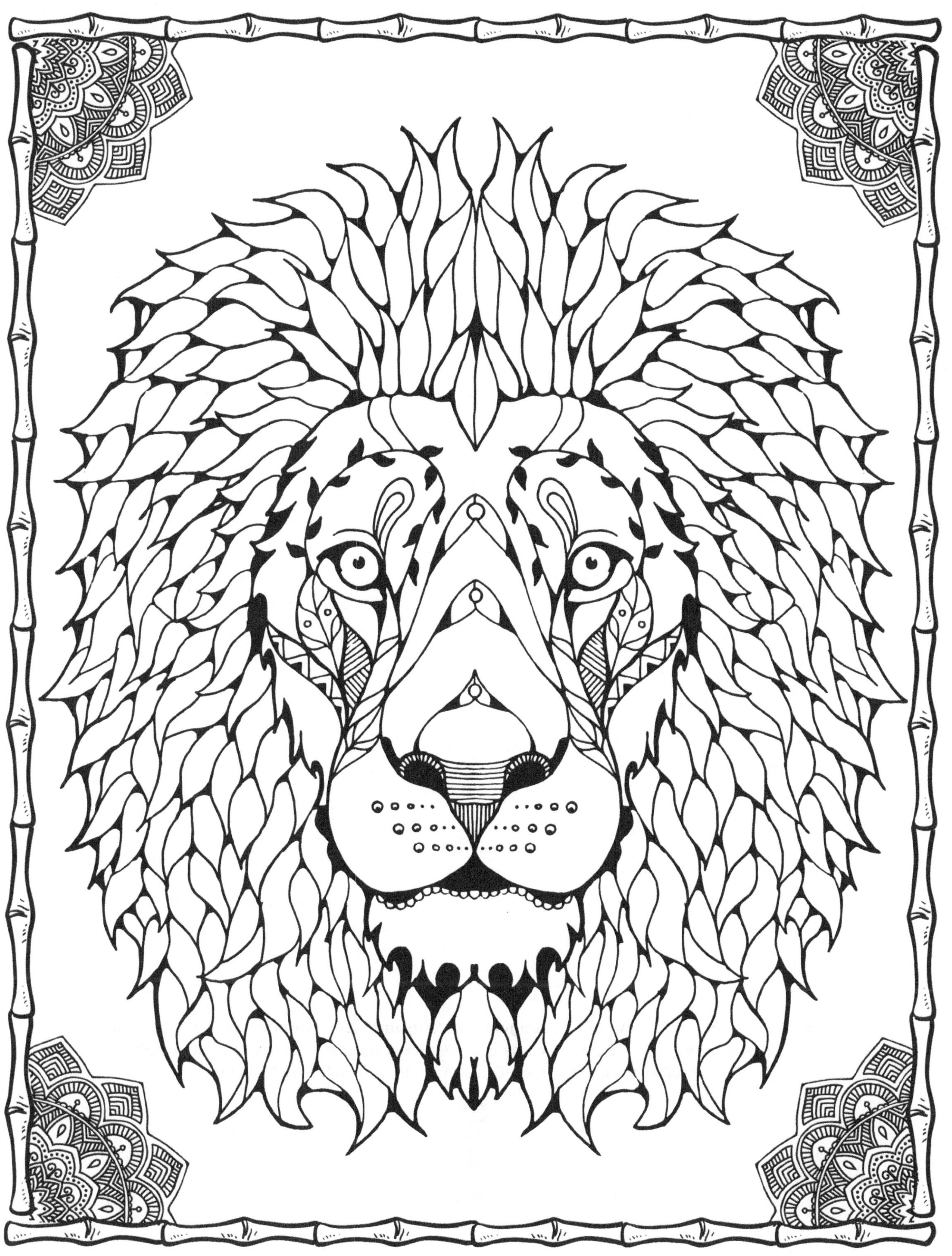

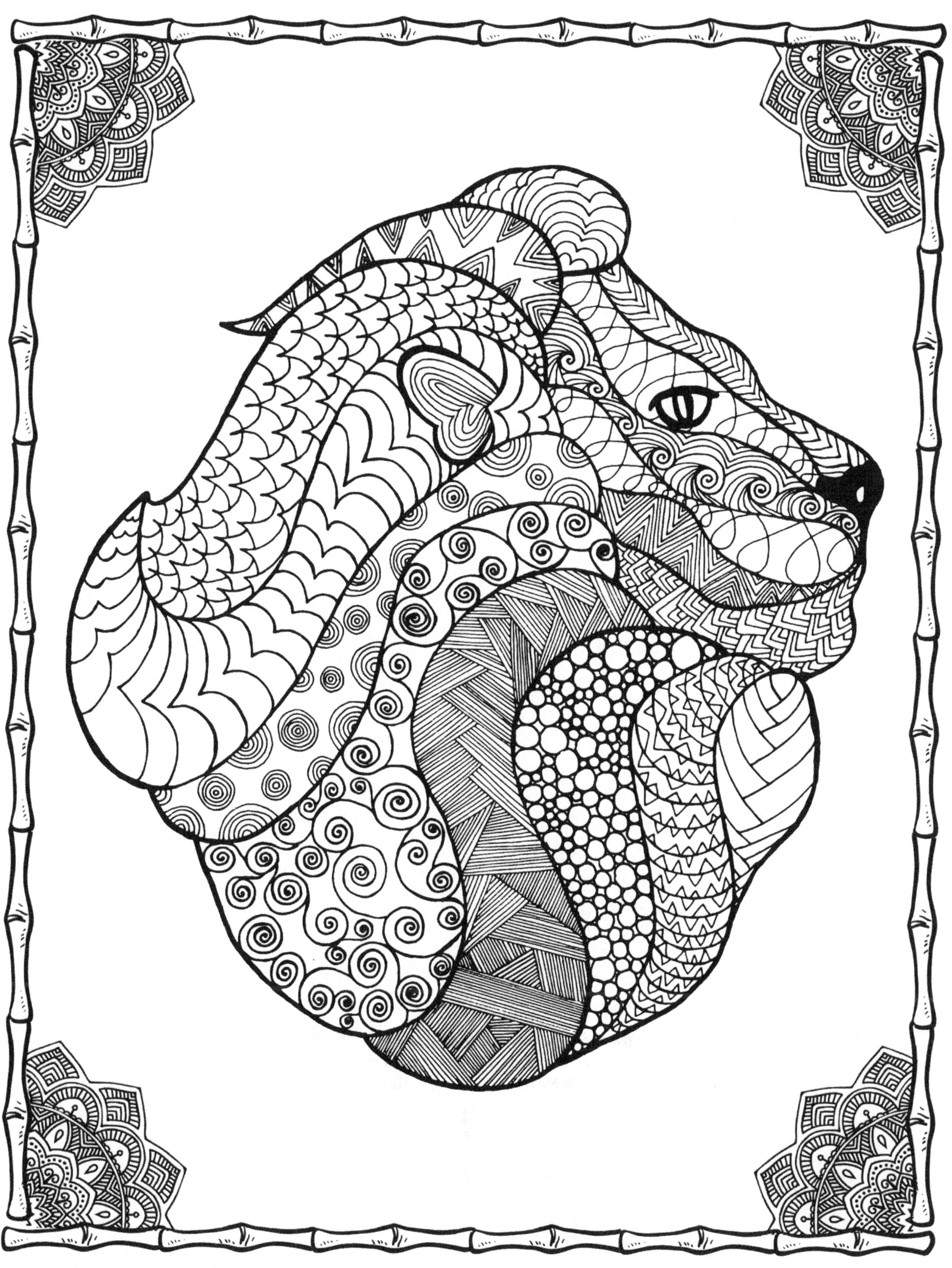

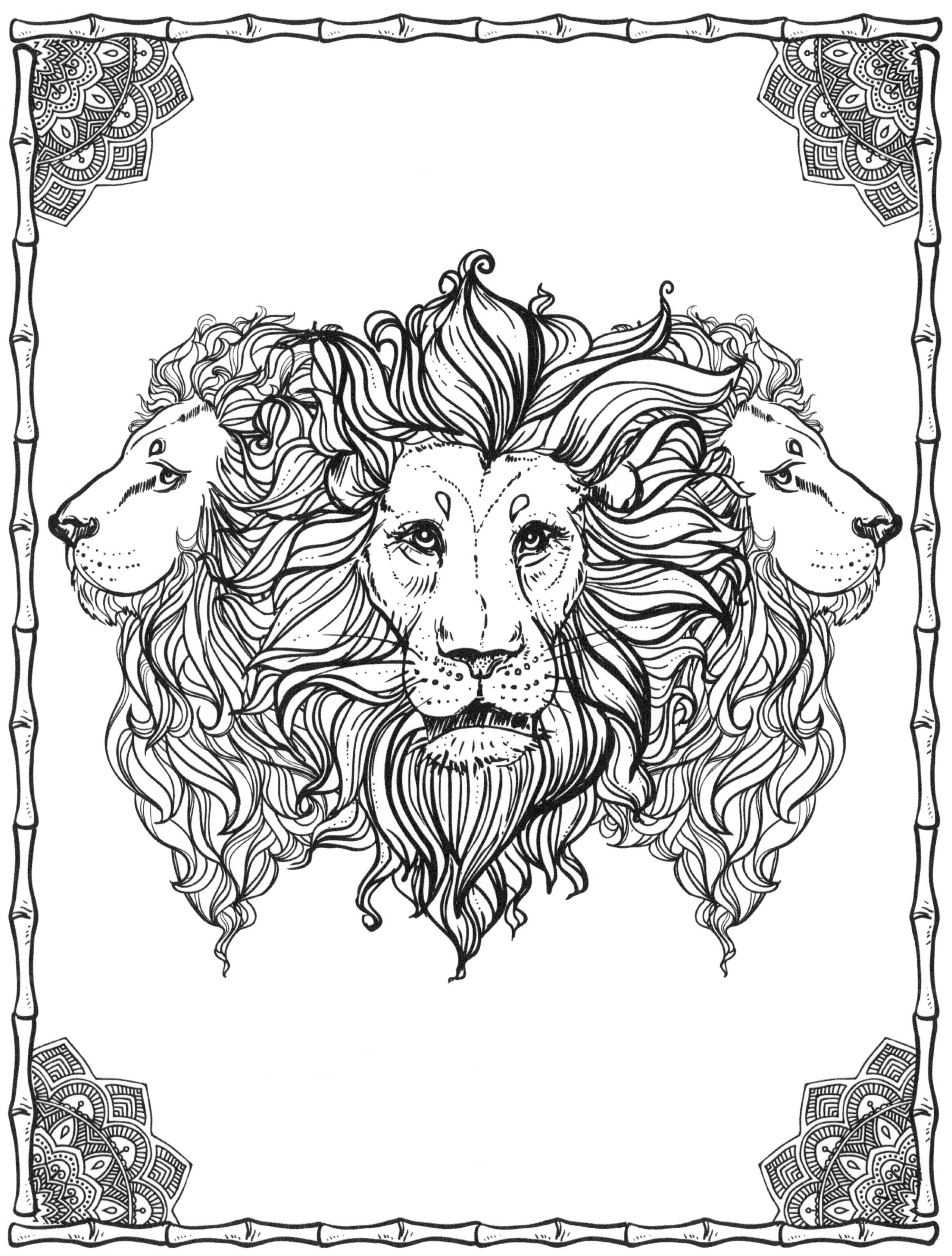

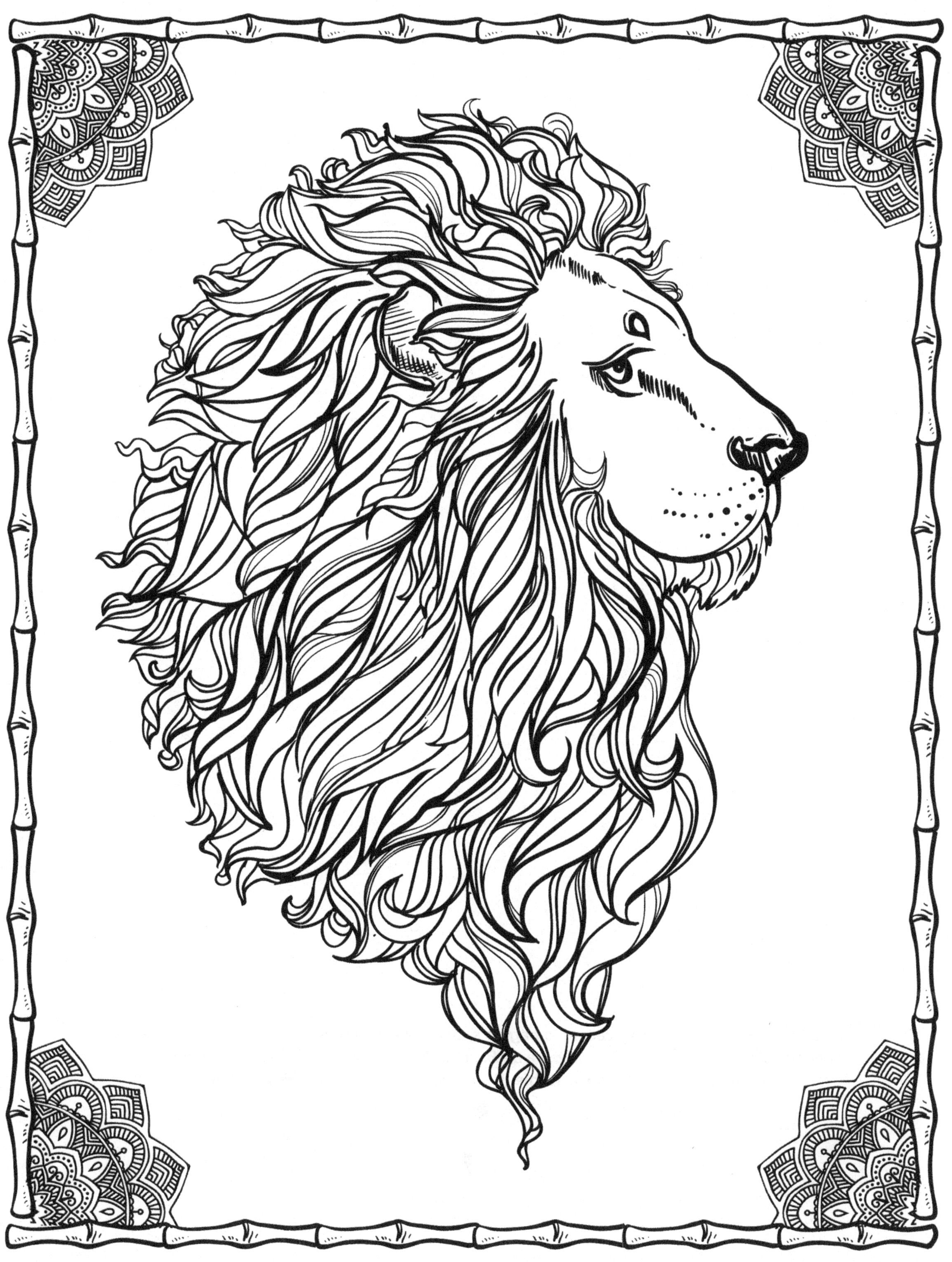

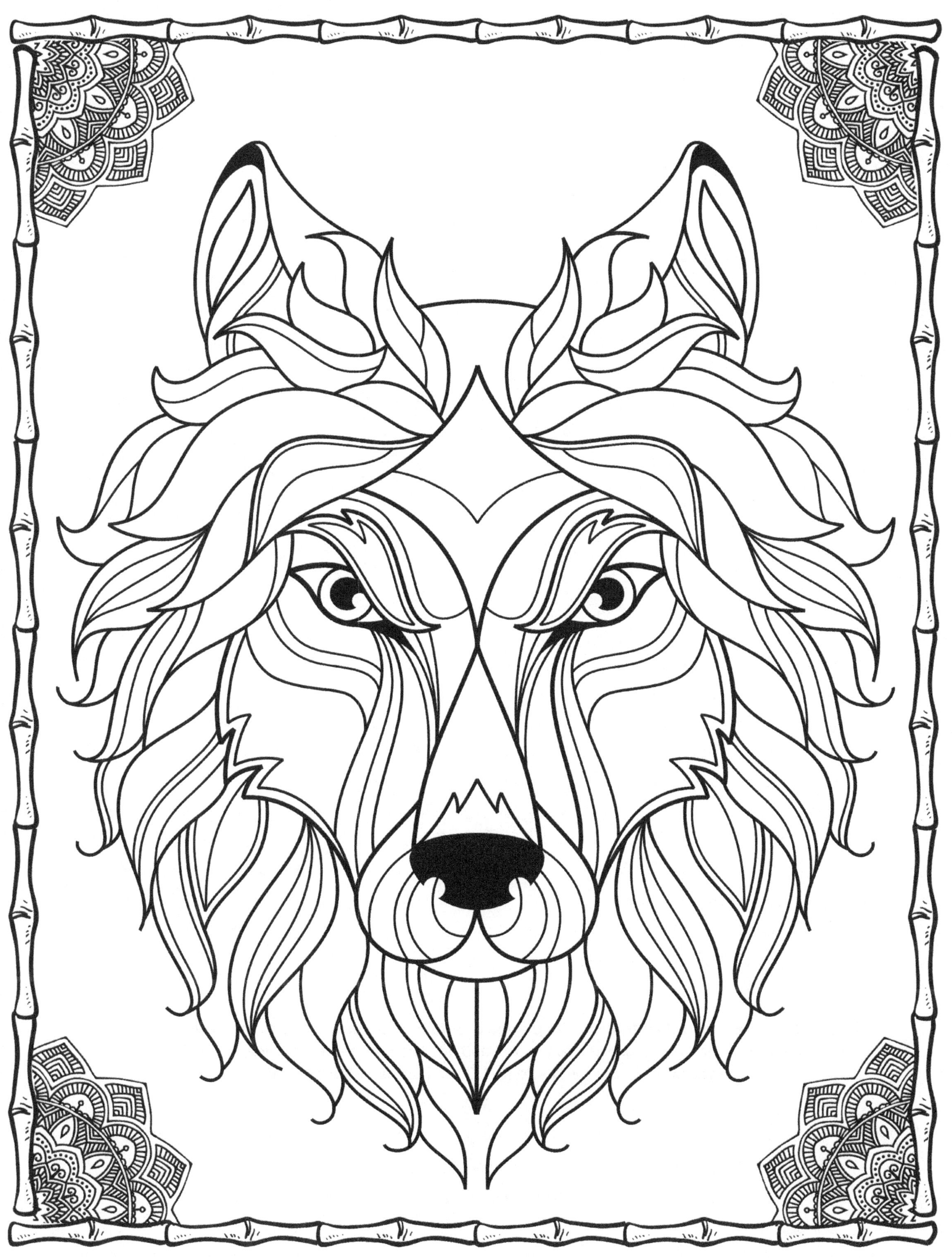

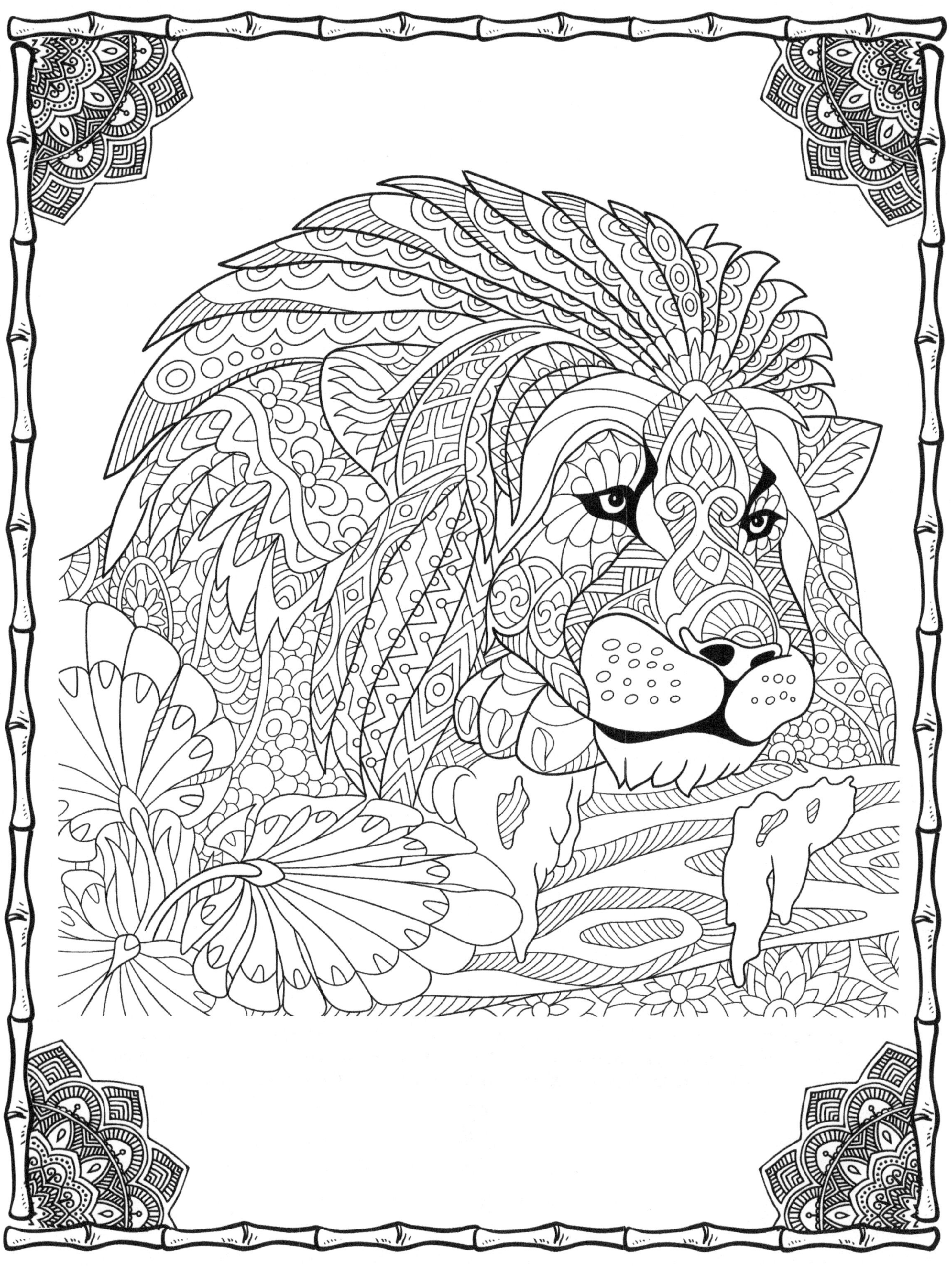

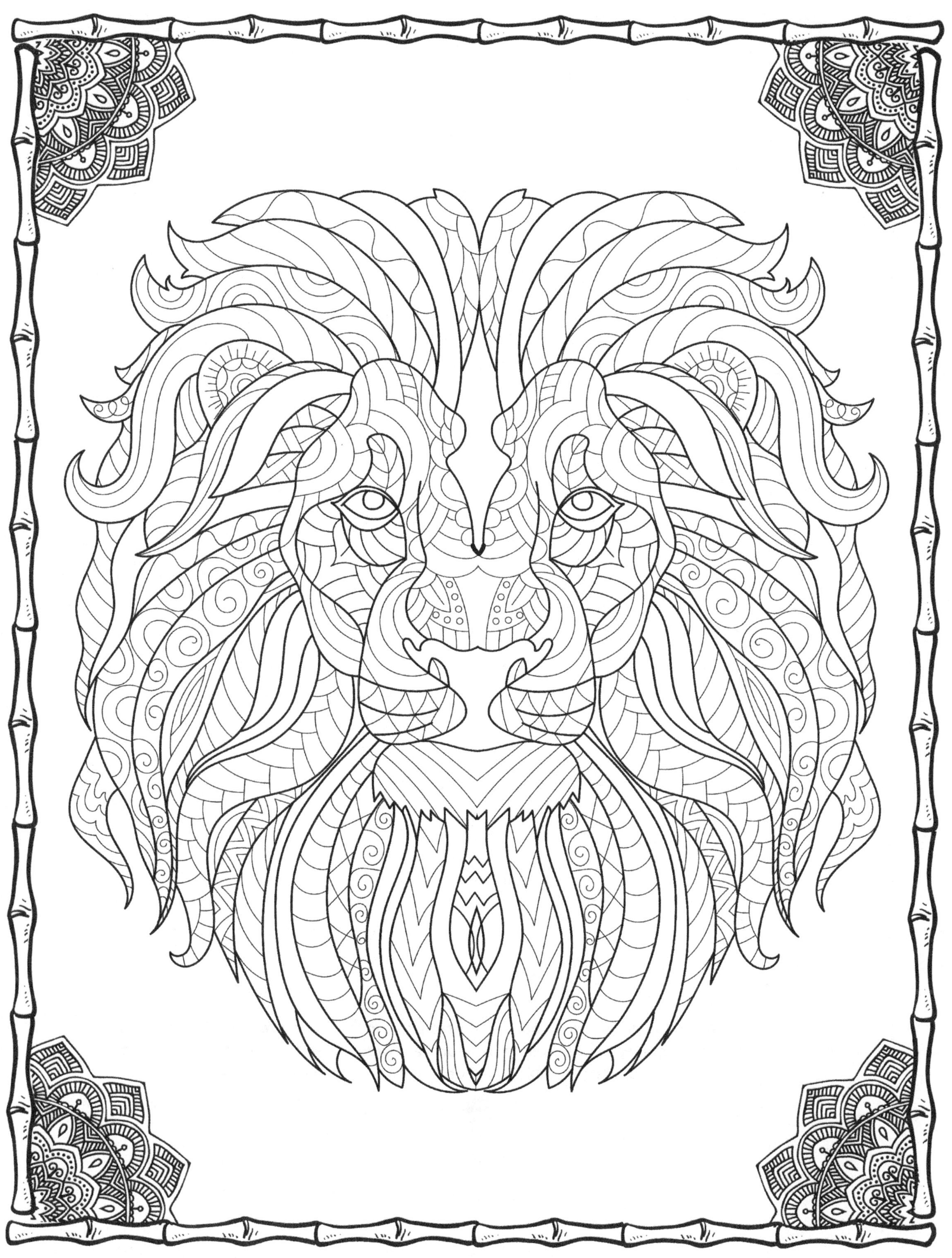

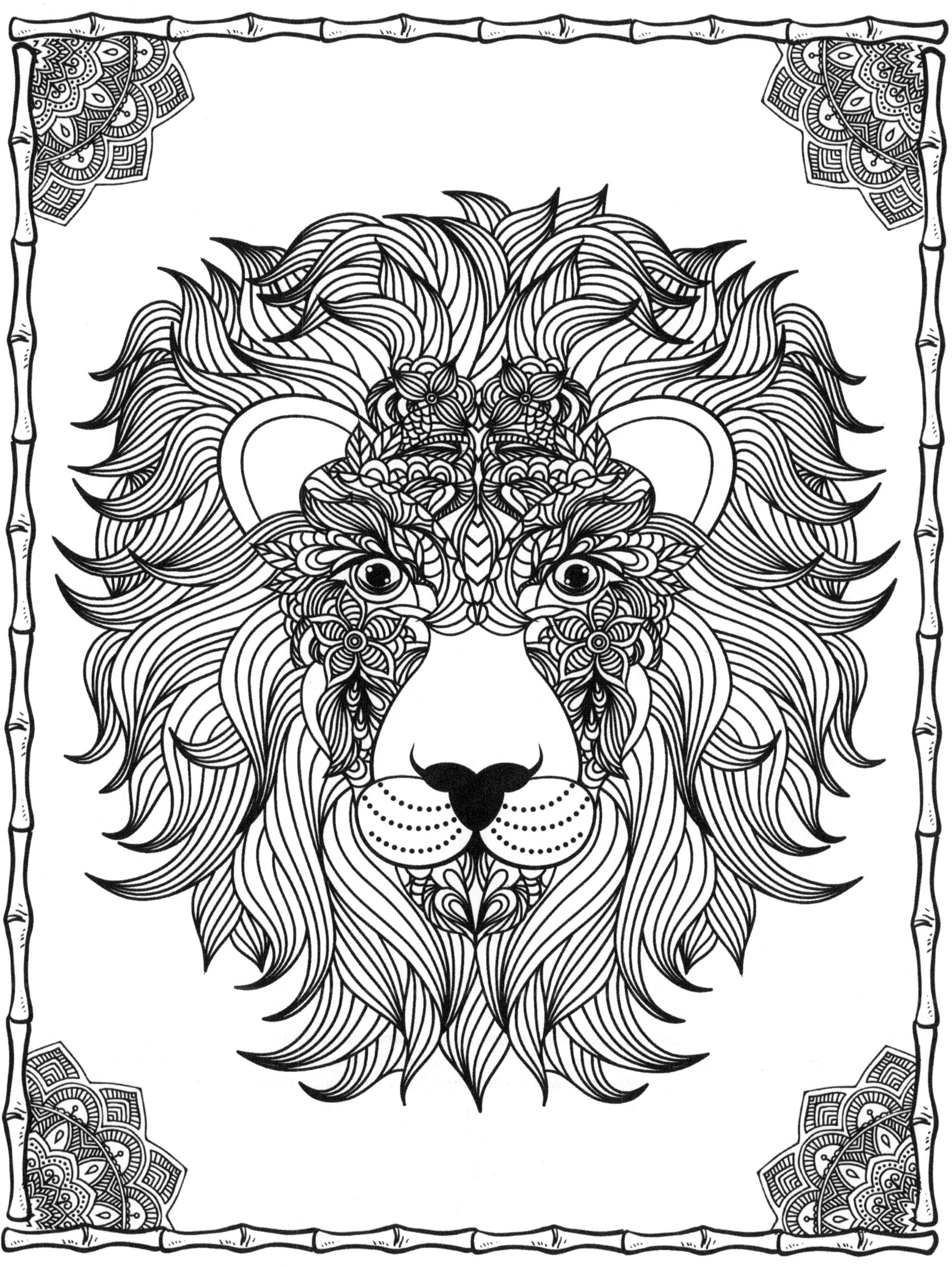

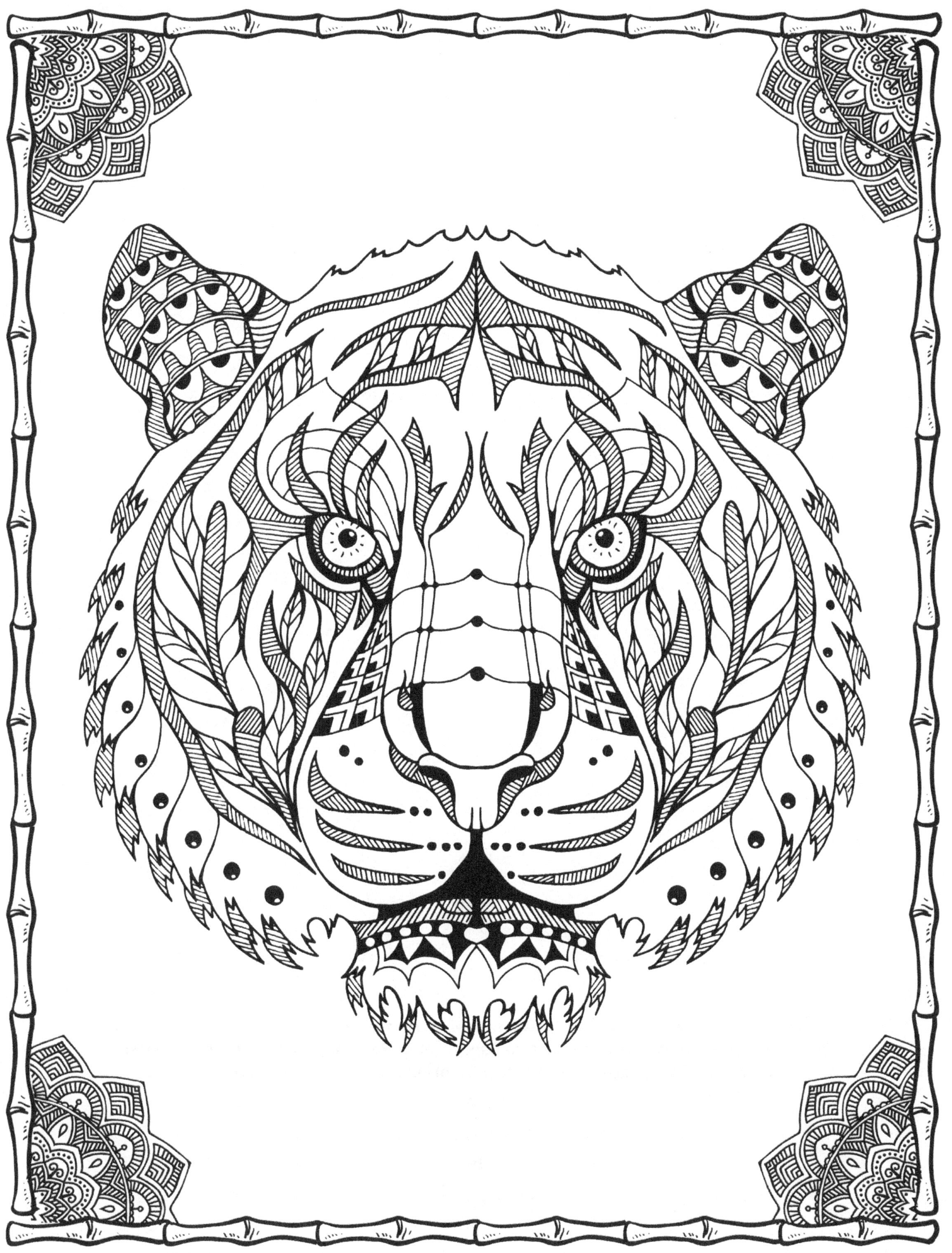

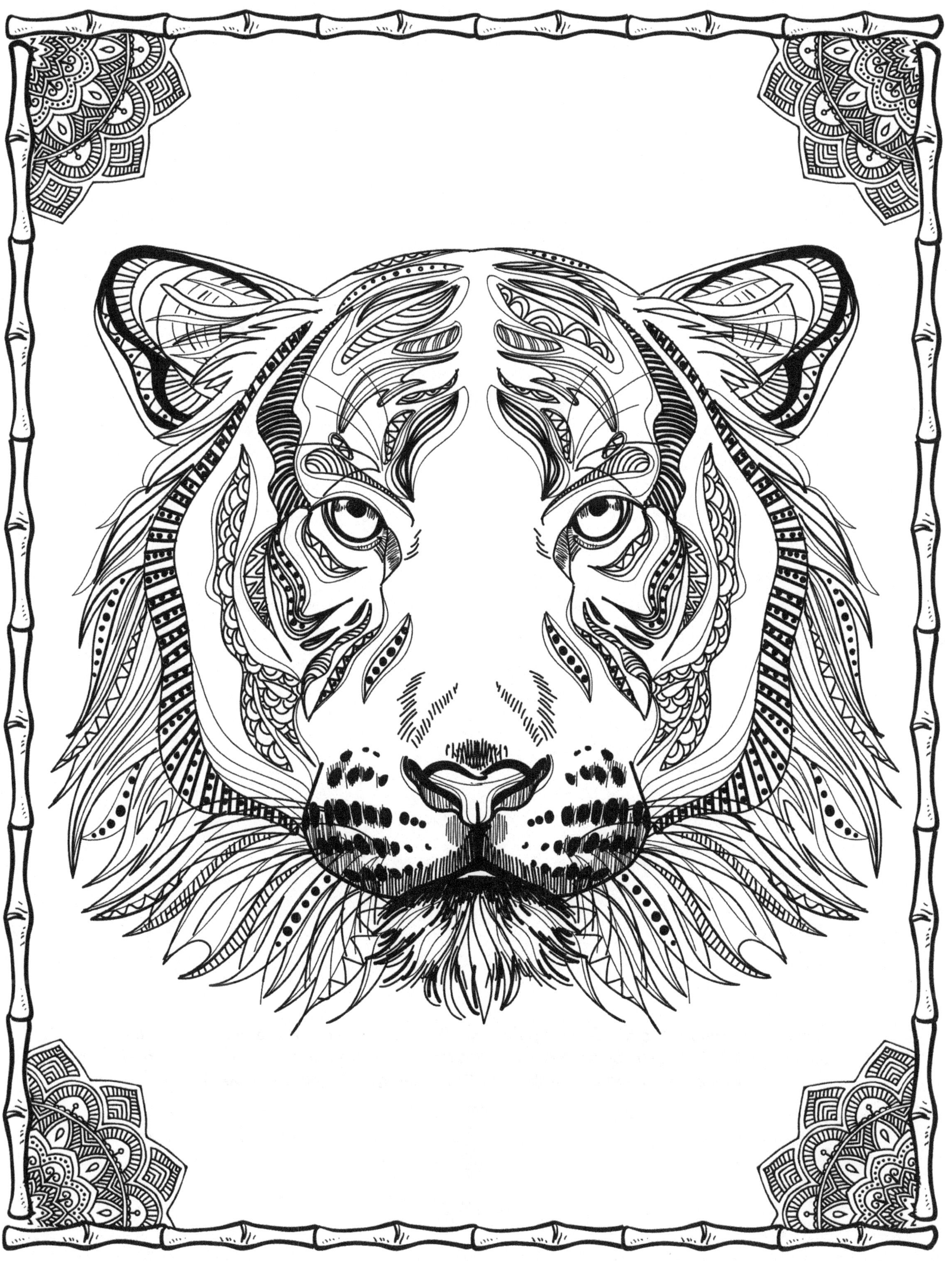

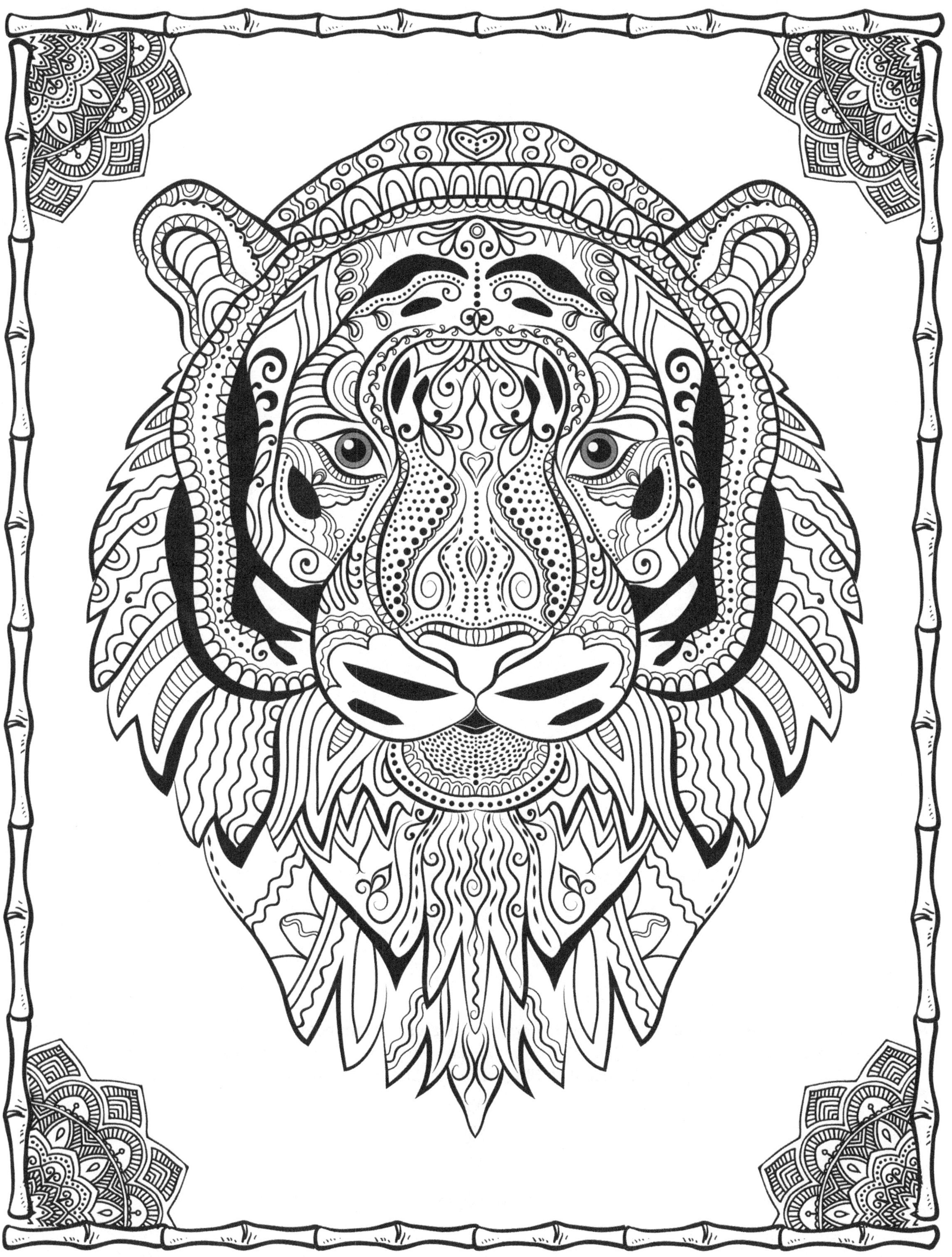

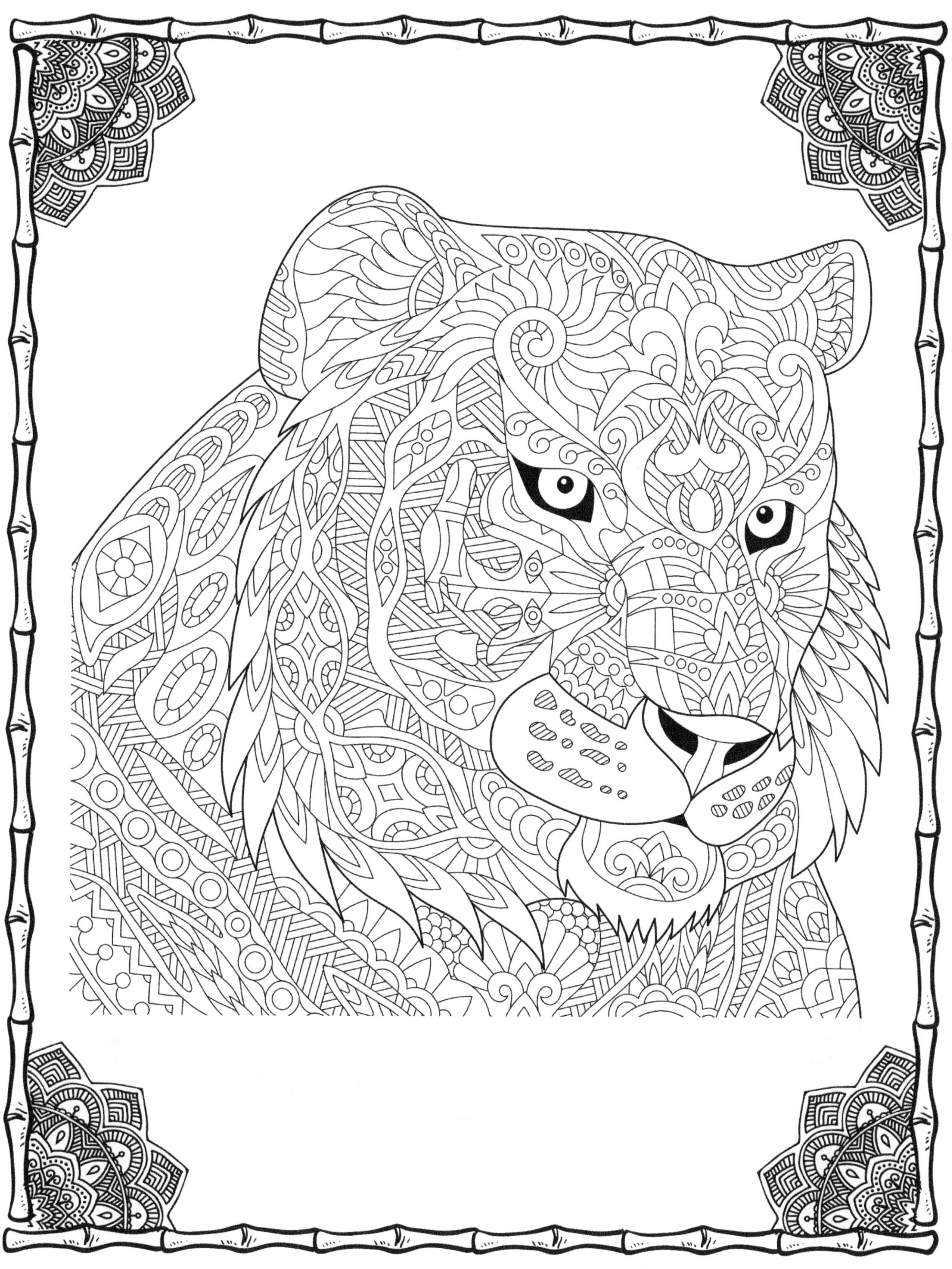

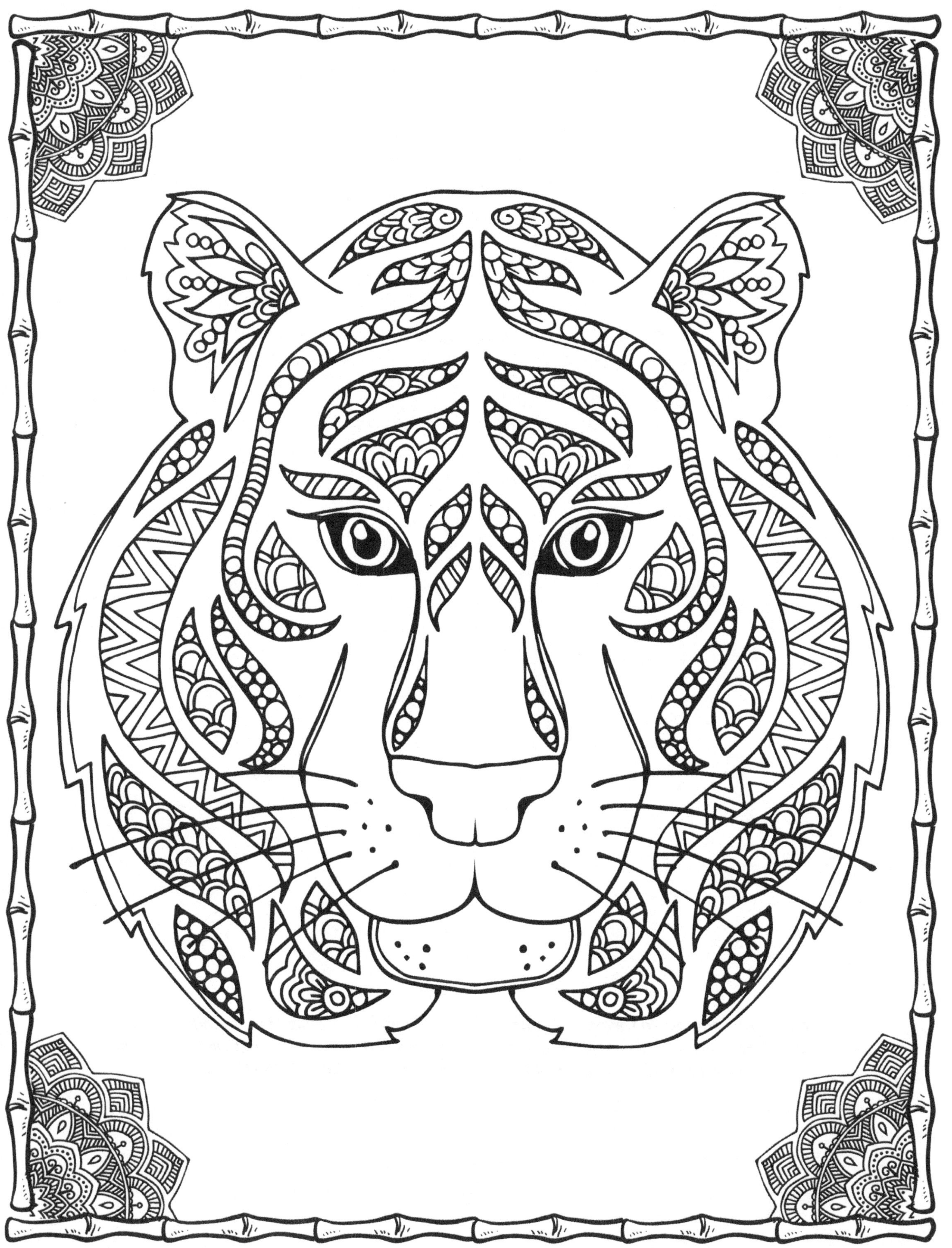

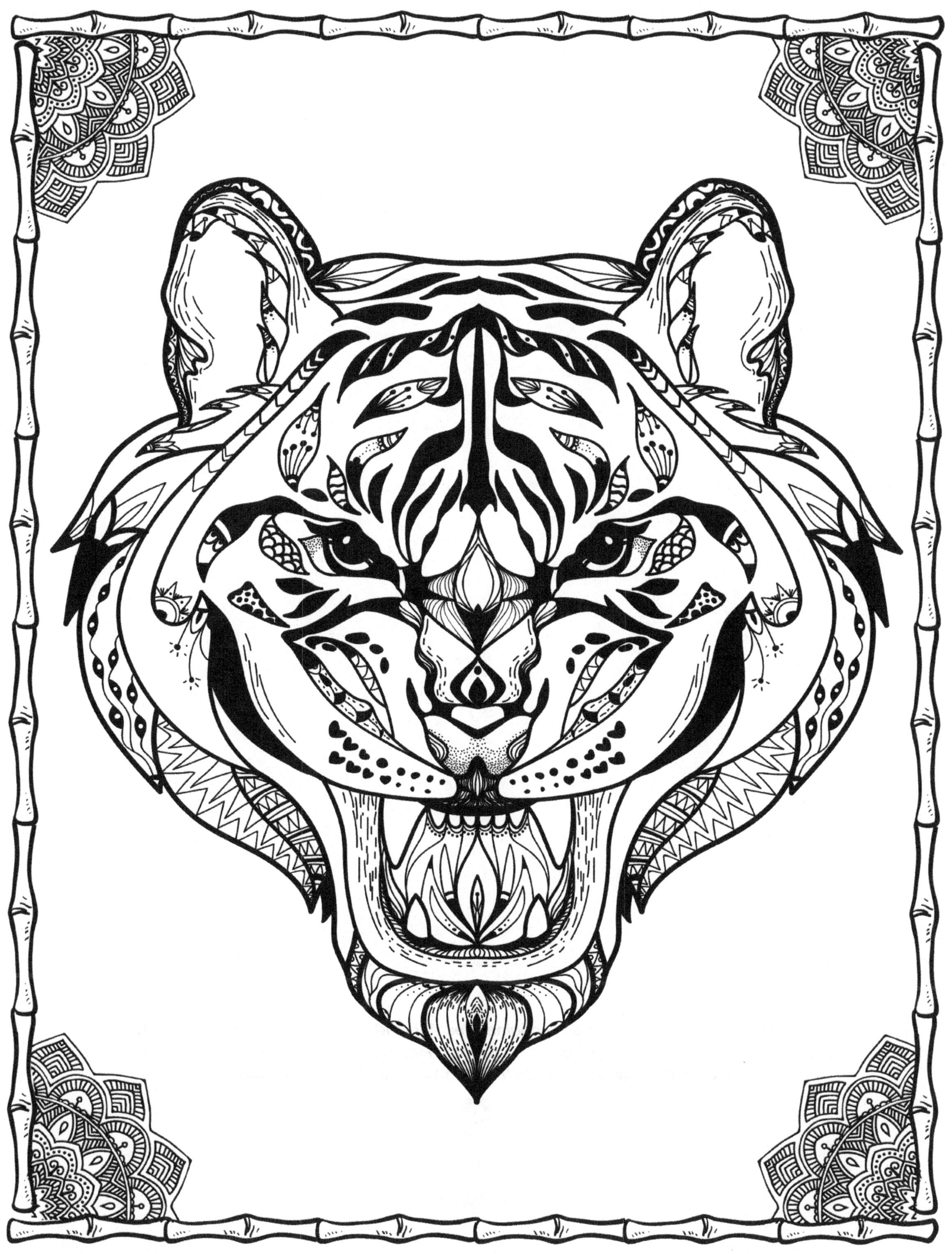

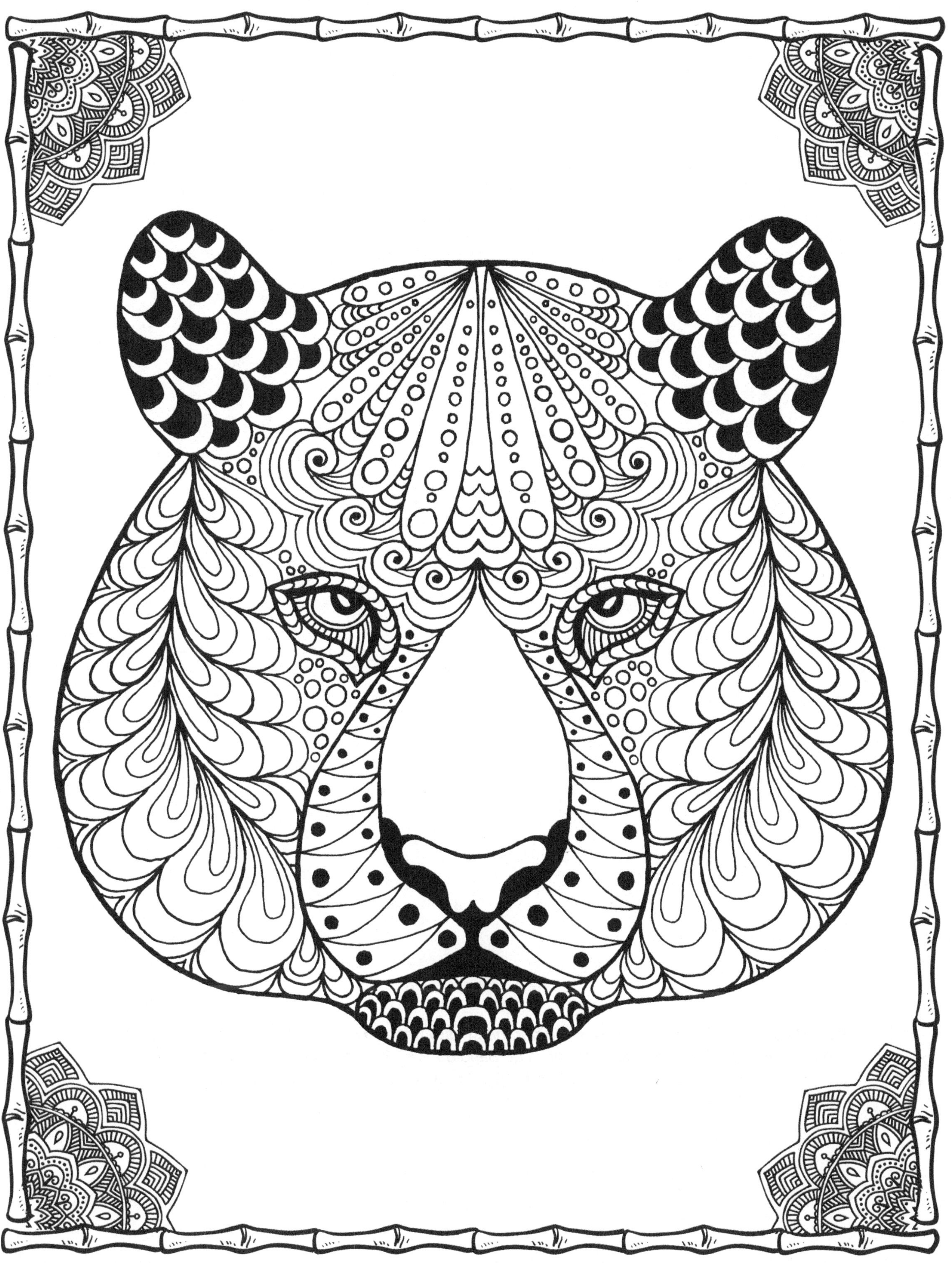

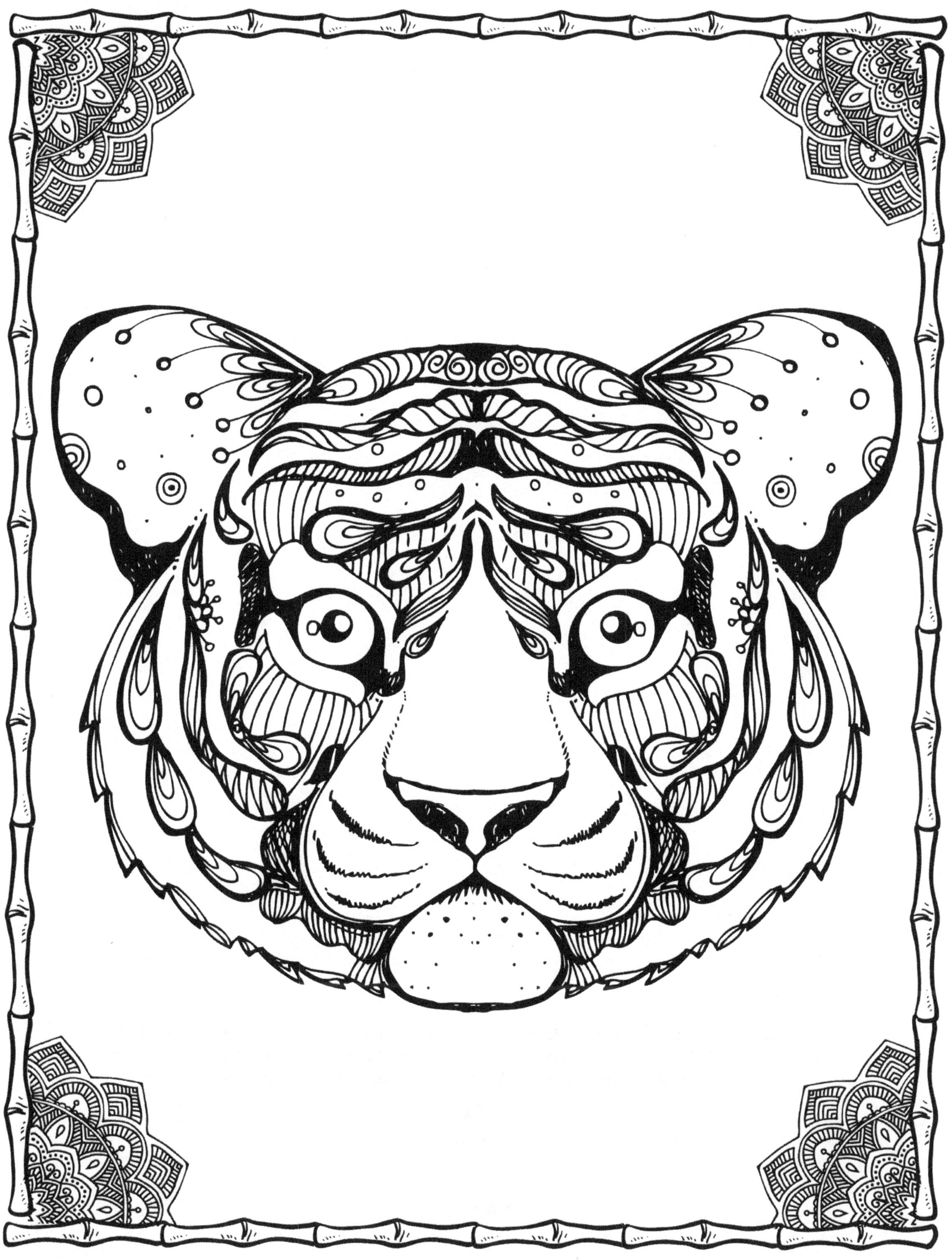

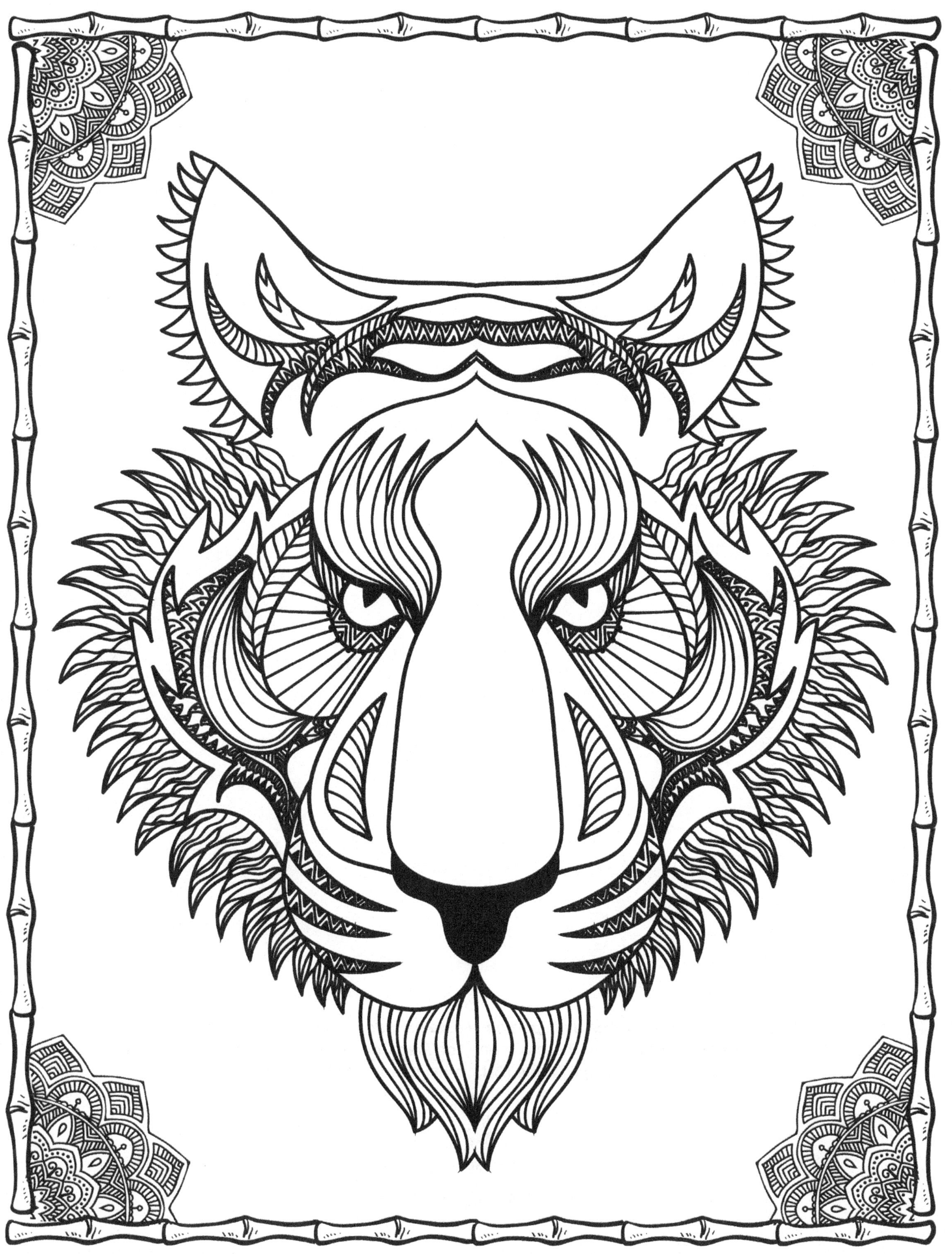

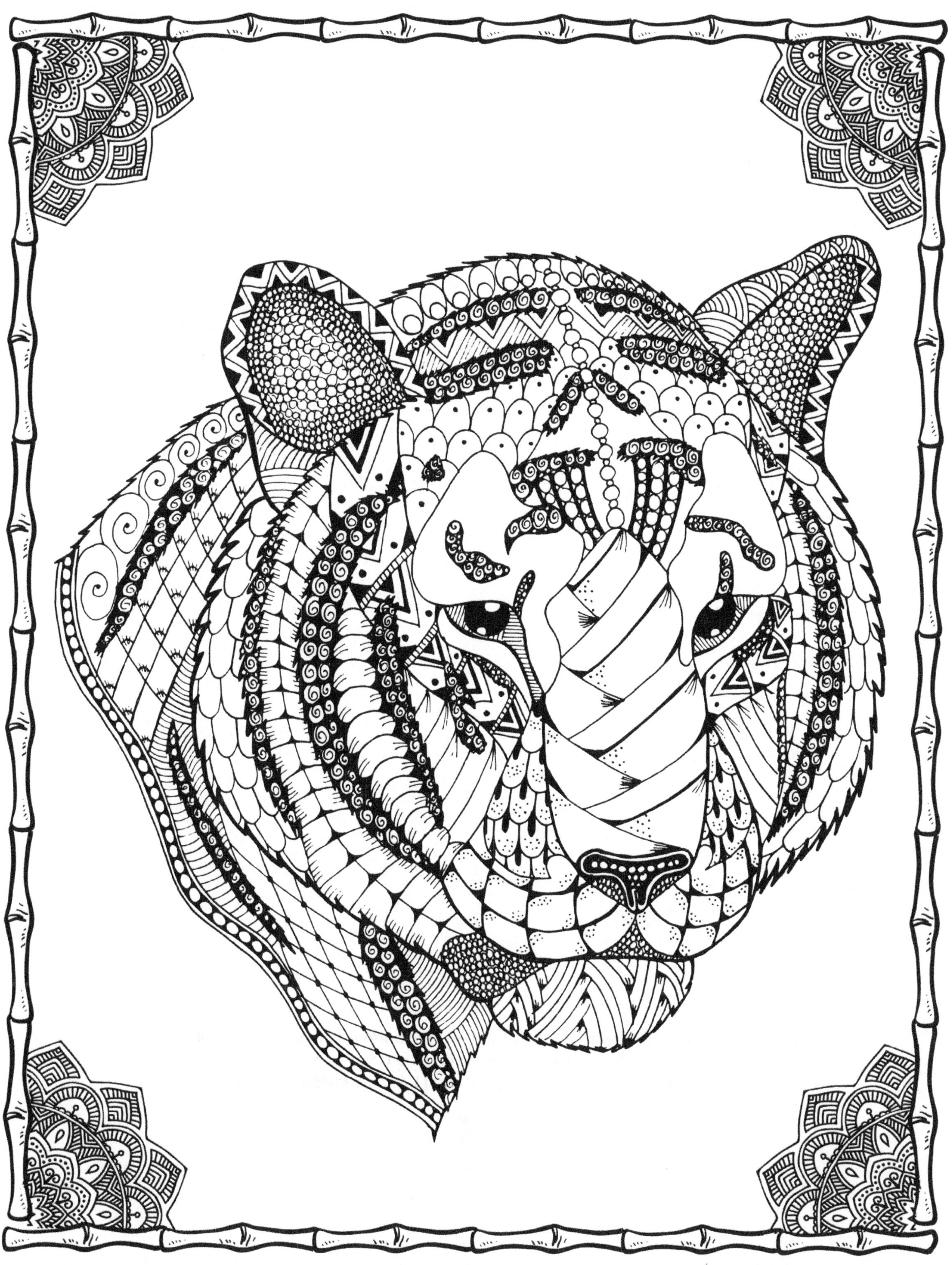

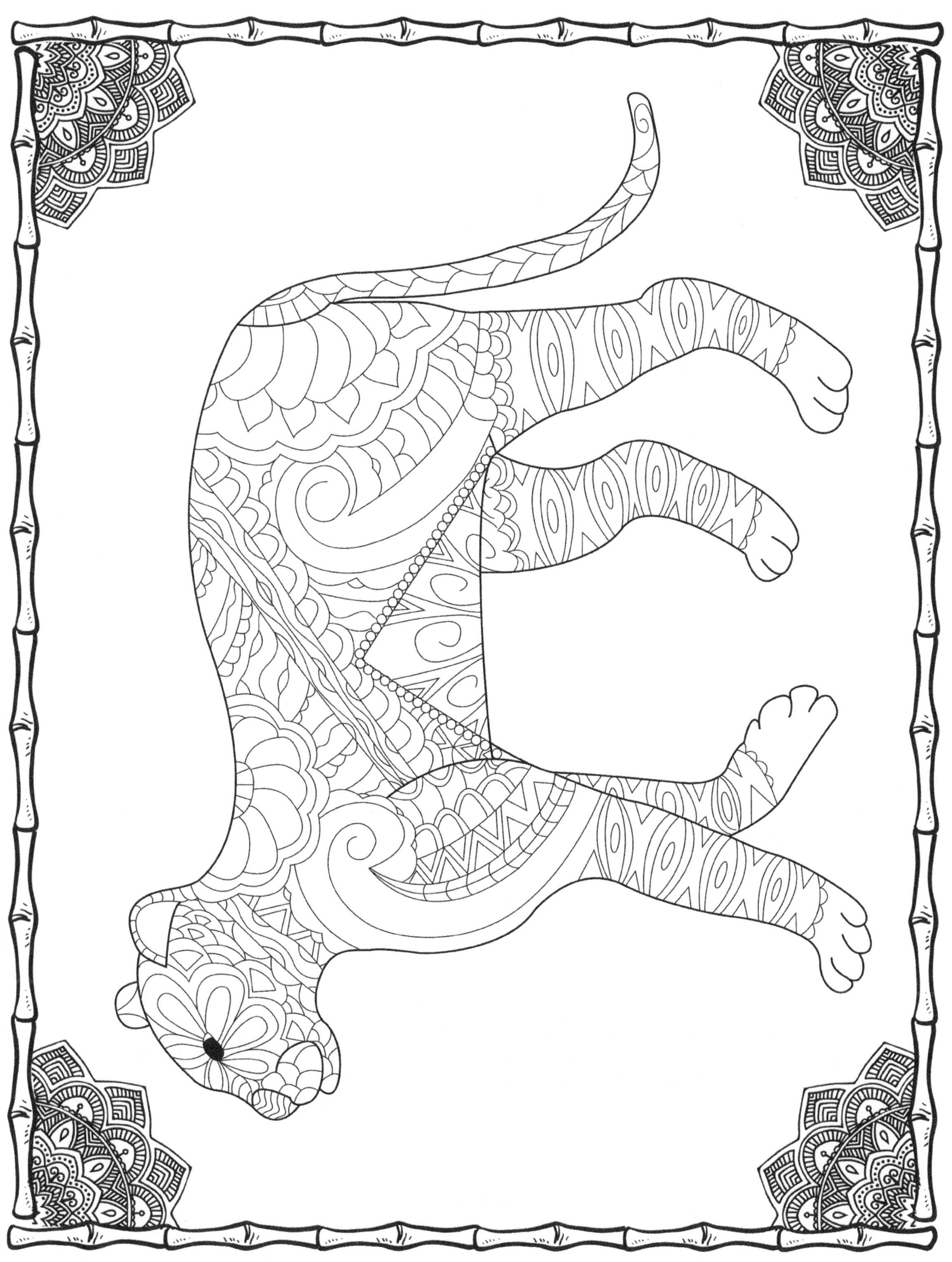

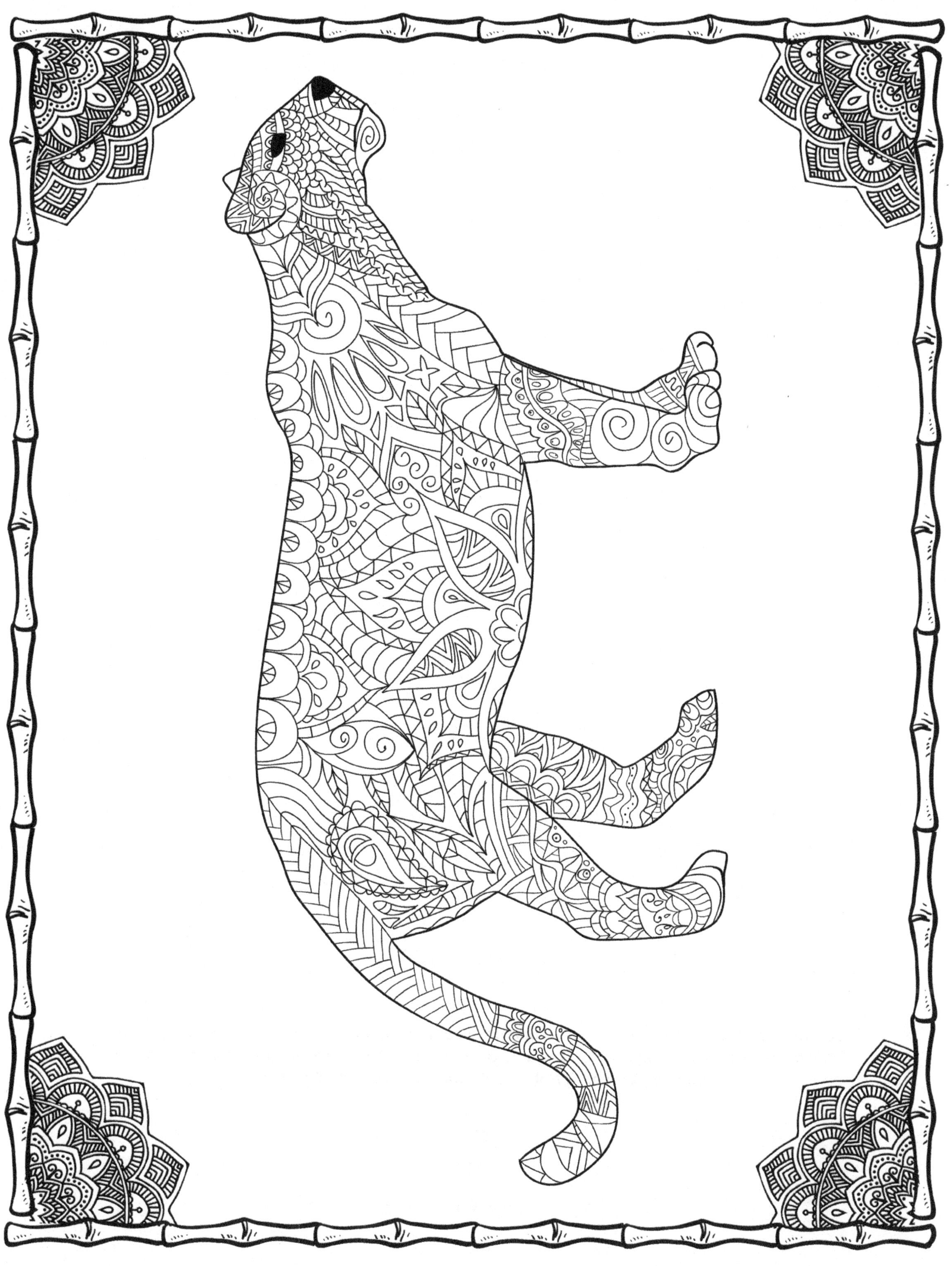

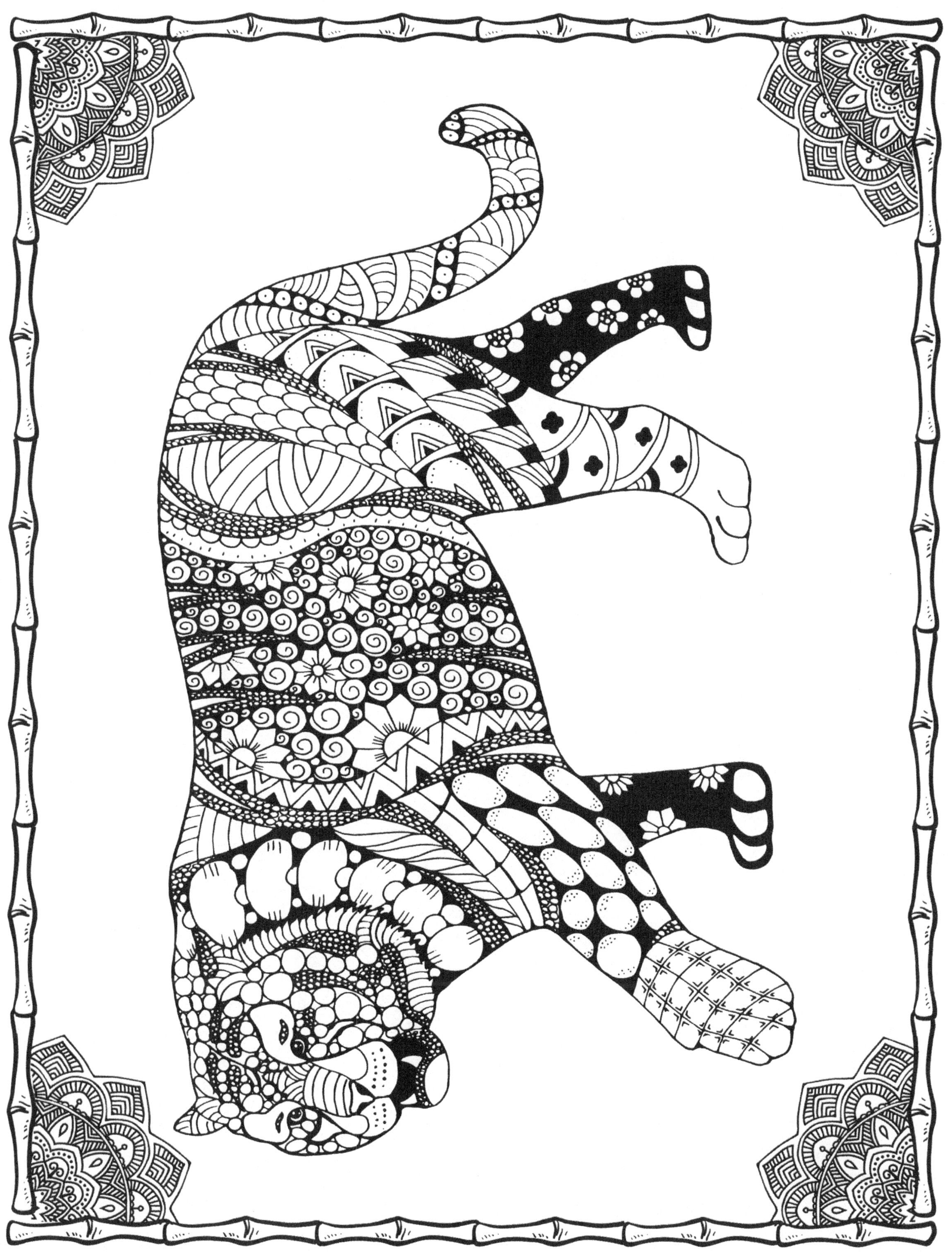